本田敬吉／秦　忠夫　編著

国際派バンカー井上實の回想

戦後日本の国際金融ビジネス展開

明石書店

はじめに

「平家・海軍・国際派」という必ずしもありがたくない看板を背負ってお国のために尽くした銀行があった。鎖国を破って開国した明治日本の貿易を初めから支えた横浜正金《しょうきん》銀行がその開祖であり、それが連合国軍総司令部（ＧＨＱ）指令によって閉鎖された後を継いで戦後の荒廃の中で呱々《ここ》の声を上げたのが東京銀行だった。この本の主役である井上實さんはその第一期生である。しかも海軍出身である。そしてまぎれもなく日本の国際派バンカーの筆頭格であり、いまや最長老のお一人でいらっしゃる。

昨年春、卒寿を迎えられたと聞き、焦らざるを得なかった。走馬灯よろしく頭の中を過ったのは三六年前の春、井上専務（当時）から金曜の夕方呼びだされたとき。「急遽テヘランに行ってくれ」「いつ何しにですか？」「来週水曜の現地銀行役員会だ」。革命のさなか激動のイラン、アヤトラ・ホメイニ師が亡命先パリからテヘランに戻ったのが直前の二月だった。Any day is a good day to die. がアナポリス US Navy の標語と聞いてはいた。その海軍派井上さんからの指令だった。あれから三五年も経った昨春、イランから豪州に亡命した一現地職員の訪日歓迎会に井上さんは出席してくださったのだった。

東京銀行という職場は、「自由闊達、下剋上すらあり」のかなり荒っぽいところもあった。井上さんは銀行とそこでの仕事のありかたをしばしば巡洋艦にたとえて語られた。権謀・逡巡・重装備は許されず、いつも透明・俊敏・軽装備が求められていた。井上さんは寡黙ながら、まさにそれらの「徳」を身を以て示された。

この本に収められた対談は足掛け一〇カ月、一七回にわたって行われた。井上さんには五〇年間の東京銀行という名の巡洋艦の歴史の生き証人として、終戦後の朝鮮動乱期、米国の黄金期、ポンドからドルへの主役交代、ユーロダラー市場の台頭、オイルショックから途上国累積債務問題、そして日本の資産バブル発生と崩壊、金融ビッグバンと銀行再編成など、激動の時代を当事者あるいは関係者の立場から語っていただいた。

この巡洋艦はいまやメガバンク三菱東京ＵＦＪ銀行の艦隊の一員となったが、そのＤＮＡは脈々としてこのメガバンクの血脈に流れていることは疑いないと思う。読者の方々が本書を一読されて、そのことを再確認していただければ、本書の目的は果たされたといってよい。

この本のためにシアトルからインタビューに駆けつけてくださったユージン・リー氏と、正金銀行・東京銀行のOB／OG同窓会とも言うべき「正友会」の倉地正会長に特別の謝意を表したい。倉地さんには、資料の提供をはじめ、自らインタビューの一部も受け持っていただいただけでなく、同会会長としても出版実現のためにいろいろと支援していただいた。

また、この対談を記事にするにあたっては、テープ起こしから編集に至るまで、そのほとんどにつき、私の東銀調査部時代からの盟友・秦忠夫氏に共著者としてかかわっていただいた。

当世、出版業界はＩＴデジタル革命期に入り苦難期にあるという。加えて団塊の世代退役の時代に入り、自伝物は供給過多で業界として「辟易もの」とも聞く。明石書店が快くこの書が世に出ることを引き受けてくださり、森本直樹社長と大野祐子編集長並びに柴村登治さんが親身になって手伝ってくださったことに深甚の謝意を表したい。

平成二七年五月吉日

本田　敬吉

目次

第四章　国際投融資ビジネスの拡大と途上国累積債務問題

第五章　日本経済の成長と円の地位の向上

第六章　バブル崩壊と金融再編成

第七章　東京国際金融センターの将来

対談収録日：平成二六年五月二十二日（第一章）
平成二六年六月五日（第一章～第二章）
平成二六年六月二六日（第二章～第三章）
平成二六年七月一〇日（第三章）
平成二六年七月二四日（第三章）
平成二六年八月二一日（第三章）
平成二六年九月四日（第三章）
平成二六年九月一八日（第四章）
平成二六年一〇月二日（第四章）
平成二六年一〇月一六日（第五章）
平成二六年一〇月三〇日（第五章）
平成二六年一一月二〇日（第五章）
平成二六年一二月四日（第五章～第六章）
平成二六年一二月一八日（第六章）
平成二七年一月二二日（第七章）
平成二七年一月二九日（第八章）
平成二七年二月二日（補足対談）

第一章

東京銀行の誕生——横浜正金銀行から伝統継承

《終戦後～一九五〇年代》

本書は、国際派バンカー・井上實氏の主として東京銀行時代のキャリアを跡付けながら、戦後日本における国際金融ビジネスの展開を振り返ってみようと企画されたもので、以下は対談の体裁をとってはいるが、本田敬吉が主に聞き手となり、井上氏にざっくばらんに当時のことを語ってもらった、その記録である。

この章では、井上氏の青年時代、海軍士官としての体験、新入行員時代のことなどから始まって、東京銀行の為専移行にまつわる苦労談に話が展開する。

♣海軍士官から東銀一期生へ

本田　最初に、井上さんの青年時代について伺いたいと思います。井上さんと言えば海軍出身のイメージが強いのですが、海軍志向の動機はどういったものだったのでしょうか。

井上　戦前から、学校では陸軍による教練というのがあったのですが、私には、それが何とも肌に合わず反発する気分が強かったのです。そこで陸軍と海軍を天秤にかけ、海軍を選んだというのが正直なところです。一九四三年一〇月に大学に入り、翌年九月、海軍主計科の短期現役制度に応募し、士官の訓練を受けることになりました。この制度はもともと大学卒を対象としていましたが、われわれの場合は徴兵猶予の恩典がなくなったので在学中に応募したわけです。六カ月間の厳しい訓練の後、幸い海軍主計少尉に任官することができ、それぞれの任地で部下も与えられて責任と権限のある生活を体験しました。海軍では終戦後の一九四五年一二月まで、通算して一年四カ月を過ごしました。当然、海軍士官としての給与ももらっていたわけです。

一九四六年一月に大学に復学し、その一年九カ月後に就職することになりますが、海軍生活は非常によい経験になったと思います。ほかにも同じようなキャリアの人がいて、銀行では「世慣れした新人」と言われたものです。

本田　大変な時代だったと思いますが、就職にあたって東京銀行を選ばれたいきさつはどのようなことだったのでしょうか。

井上　混乱期が続いており、就職市場は荒れた状態でした。学生たちは、思い通りの仕事をみつけるのは難しいが、ともかく早く職を得て、自立して生活できるようになりたいという一心であったと思います。銀行は財閥解体後の再編期ながら、それなりに採用はありましたが、私が東京銀行に魅力を感じたのは、戦前の名門・横浜正金銀行の後継銀行ということよりは、むしろその「新しさ」です。既存銀行のほとんどは痛んだ古い資産の重荷を背負っていましたが、横浜正金銀行の国内資産のみを受け継いでスタートする東京銀行はとても新鮮に思えました。実際には縁故採用が多く苦戦でしたが、補欠で入ることができました。大卒は合計二六名の入行でした。

本田　終戦直後の混乱と厳しい生存競争の中での就職ですから、大変なことであったろうと想像します。ハイパーインフレーションが収まっておらず、大変な時代であったと思いますが。

井上　幸いにインフレの最悪期は峠を越していました。金融緊急措置令が出されて預貯金封鎖、新円切り替えが行われたのが一九四六年二月ですが、このころが最悪期です。その後インフレ圧力は低下し始め、一九四九年のいわゆるドッジ・ラインでインフレは無理やり抑え込まれました。

本田　東京銀行での最初の勤務地は神戸だったと伺っていますが、神戸での新入行員としての仕事や経験についてお話しいただけますか。

井上　東京銀行の開業は一九四七年一月でした。私は同年九月に大学を卒業して一〇月の入行ですから、新卒入行第一期生ということになります。最初の勤務地、神戸は、周知の通り古くからの輸出港で、貿易関連の取引が横浜正金銀行時代から横浜港と並んで最も多かったところです。さっそく新入行員として計算とか出納といった基本訓練を受けたのち、貸付の担保係に回されました。その後、輸出や輸入の係に移って激務に従事しました。

戦後の貿易再開について触れますと、一九四五年一二月に貿易庁が発足し、政府が当事者となって貿易再開に動き始めました。一九四七年には繊維、原材料、鉱工品、食料など四つの貿易公団ができ、取引を始めました。一九四八年八月に待望の民間貿易が再開されましたが、民間貿易といっても制限付きで、輸入は引き続き公団が主体で、輸出の方は民間企業が自主名義で行えるシステムでした。

民間貿易の再開当初は複数為替相場制で、品目別に一ドル一〇〇円から四〇〇円の交換レートが設定されていました。プライス・レイシオ・システムと言われていましたが、当時の日本経済の実情に即してうまく機能していたように思います。周知のように一九四九年のドッジ・ラインの一環として同年四月に一ドル＝三六〇円の単一レートに改められました。ちなみに、西ドイツで一ドル＝四・二ドイツマルクの単一レートが定められたのはもっと後になります。この時期はまだ連合国軍総司令部（ＧＨＱ）による占領統治下にあり、超法規的な体制のもとで、超均衡財政と対ドル為替相場の設定の二つが実行されたわけです。

♣朝鮮戦争特需とその反動

井上　神戸時代に強く印象に残った出来事は、一九五〇年六月に勃発した朝鮮戦争の影響です。国連軍（実体は米軍）が朝鮮に派遣され、日本は突如として兵站《へいたん》基地になりました。神戸市内にも野戦病院のような格好で傷病兵が収容される施設ができ、特殊な雰囲気がありました。いわゆる特需が発生し、低迷していた日本経済は急速に活気づきました。世界的に原材料物資の買い付け競争が始まり、日本でも、当時「新三品」と呼ばれた皮革、生ゴム、油脂などを中心に輸入が急増しました。私などもこの時期には輸入係で日夜、信用状開設の激務と闘いました。一気に景気の様相が様変わりしたのには驚いたものです。いわゆるドッジ・ラインによって厳しいデフレに喘いでいた日本経済にとって、この朝鮮戦争が大きな転機になったことは間違いありません。

ところが翌年七月に朝鮮戦争休戦会談が始まると、今度は急転直下の大きな反動が生じました。特需が消えたため輸入貨物が処分できなくなり、一方で綿糸布、化繊などの製品輸出のキャンセルが急増し、貿易商社や紡績メーカーなどが大きな打撃を受けました。新三品の暴落で主力商社が蒙った損失は大きく、その後始末は銀行にとっても重い課題として尾を引くことになります。当時は五綿と言われた東棉（トーメン）、日綿（ニチメン）、伊藤忠、丸紅、江商が中心的商社でした。三井物産、三菱商事など財閥系商社は当時数多くの関連会社に分かれて活動していましたが、当然それらの会社もこの暴落の被害を受けたわけです。

神戸での新入行員時代の個人的苦労話を一つ追加しますと、ソロバンに泣かされたことです。私は日本人がソロバンを習得する小学生時代を台北で過ごしたため、ソロバンには触ったことのない新入行員でした。ところが神戸は英ポンド建ての繊維製品の貿易取引の多いところで、当時は一ポンドが四ドル三セントの時代でしたが、一二進法のポンド建て取引金額をソロバンで円換算しなければならず、大変な苦労でした。

本田　新三品暴落の後始末は大変だったと聞き及んでいます。それが後日の東銀（東京銀行の略称、以下同じ）の為専《ためせん》（外国為替専門銀行）移行の背景要因の一つにもなったと聞いていますが、戦争がビジネスに及ぼすインパクトの大きさが痛感されます。

♣円資金不足の宿命

井上　朝鮮戦争後の後始末に関しては、神戸では貸付課に特別の係が設けられて、その処理にあたることになりました。その後、一九五一年七月に銀座支店に転勤となりましたが、銀座は短期間で、同年秋には本店勤務となりました。総務部企画課というところでの中心的な仕事は支店の業績評価でしたが、評価の基準は収益力もさることながら、もっぱら預金吸収体制やその実効性にありました。円資金調達力を強化するため、国内にたくさんの支店を開設して預金集めに精力を集中した時期です。当時の東京銀行は「素人集団」の印象はありましたが、皆やる気は旺盛で、よく頑張ったと思います。

本田　戦前は世界の三大外国貿易銀行の一つに数えられていた横浜正金銀行が閉鎖され、新銀行に改組された東京銀行が国内預金集めに邁進せざるを得なくなったということは、言わば河童が陸に上がった感がありますね。横浜正金銀行は円資金の心配はなかったでしょうか。

井上　正金銀行（横浜正金銀行の略称、以下同じ）も発足当初から低利特別円資金の調達について大蔵省、日銀当局との折衝に明け暮れましたが、それだけでは拡大する営業資金を賄うことは難しく、コール資金の取り入れ等に大きく依存していたようです。しかし顧客の営業性預金がかなり潤沢に歩留まりしていたこと、また円融資の資金需要の増大が東銀になってからの状況と比べるとより緩慢であったことから、円資金不足は致命的な問題ではなかったとみられます。

本田　新銀行としての東京銀行は、国内地盤が正金銀行から引き継いだ貿易港の店舗中心であっただけに円資金力の弱さは生来つきまとっていた問題で、その克服のために「素人集団」が頑張ったというわけですね。

♣為専への移行

井上　一九五一年九月にサンフランシスコ講和条約が調印され、これを機に日本の経済体制の自立化の動きが始まりますが、当初は日本の対外貿易決済制度は自立体制とは程遠い状態でした。

アメリカ、イギリス、オランダなどの銀行が，日本政府の発行したLetter of Undertaking and Authorizationという授権書を裏付けに日本の銀行に信用を供与していました。日本の銀行は政府の保証のもとで辛うじて外国の銀行に信用状の発行を依頼できたということであり、米欧の銀行は日本政府の外貨預託の裏付けのある保証状つきで日本の銀行と取引するという過保護の状態に置かれていました。このような状況下で、外国銀行に対抗できる日本の銀行を作るべきだという外国為替専門銀行構想が出てきました。正論だと思いますが、一方ではそれは東銀救済策ではないかという反対論も根強く、まさに百家争鳴の観を呈しました。さまざまな議論の末に、ようやく外国為替銀行法が成立したのは一九五四年四月のことでした。これに基づき、一九五四年六月に東京銀行は外国為替専門銀行としての免許を受け、いわゆる為専になりました。

外国為替銀行法によると、「外国為替専門銀行は主要な貿易取引地にのみ店舗を開設できる」とされており、為専移行に伴い東京銀行は店舗の整理を余儀なくされました。為専論議が進む中で、行内では「近いうちに大幅な人員整理が不可避」と不安心理が高まっていました。

横浜正金銀行から引き継いだ店は、東京、横浜、神戸、名古屋、大阪、門司、小樽などが主要店で、ほかに松本や福岡といった戦争中にできた店も一〇店舗ほどありました。それに東京銀行になってから開設した店舗を加えると合計四五店ありました。このうち貿易との関係が乏しい二一店舗を整理することになりました。店舗の譲渡先については、帝国銀行が解体してできた第一銀行と三井銀行の店舗数が比較的少なかったこと、大和銀行は東京に店舗が少なかったことなどの事情から、主としてこれら三行に譲渡することになり，ほかに京都支店は京都銀行に、別府支店は大分銀行に譲渡することになりました。

店舗の譲渡は、不動産の鑑定から始まって、取引先の移管、人員の移管など大変な作業でした。人員は九六〇名の人が他行に移りました。女性行員は全員譲渡先に移り、男性行員は一店舗あたり四、五人が異動しました。

♣為専移行にまつわる苦労談

本田　これまでに横浜正金銀行から生まれ変わった東京銀行の当初の苦労話の一端が出てきましたが、特に為専移行に関連した苦労話をもう少し続けていただきたいと思います。

井上　為専移行は苦労の多い大事業でした。まず、対内的には「二度目の大幅人員整理が避けられないのでは」という不安心理が蔓延したことです。正金銀行から東銀に変わった際の人員整理に次ぐ人員整理という意味ですが、外国為替専門銀行になって店舗数が減れば、再度の人員縮小は避けられないのではという心配です。

対外的には都市銀行を中心に「為専不要論」が根強く、さまざまな圧力がかかってきたことです。経営側としては困難な立場に置かれましたが、新三品暴落の影響もあって主要取引先の商社が軒並み赤字経営に苦しんでいる状況で、東京銀行は外国為替専門銀行として何としても生き延びていかなくてはならないという強い信念があり、それが苦境打開の推進力になりました。最終的には、大蔵省（現・財務省）に為専の必要性について概ね納得してもらうことができて、その後数度にわたって開かれた金融制度調査会での検討を経て、一九五四年の外国為替銀行法の成立に結びつきました。

本田　横浜正金銀行が閉鎖されたのち、それに代わる外国貿易・為替に特化した新銀行を設立すべきだという国家的次元での要望論はなかったのでしょうか。

井上　そういう発想はなく、横浜正金銀行の国内資産だけを受け継いで新しい銀行を作ることが承認されたということです。東京銀行の設立のいきさつはそういうことです。苦労して為専に移行した後に待ち受けていた問題はすでに話したとおりですが、とりわけ人員整理が大変でした。比較的短い期間に、人員整理・退職金支払いという産みの苦しみを二度も経験したことになります。

為専移行後の最も苦しい問題は円資金の調達でした。もともと店舗数が少なかったところに為専移行で二一店舗も他行に譲渡したのですから、預金の減少をどう穴埋めするかは大問題でした。また、純国内貸出もできなくなりましたので、その点からも預金の吸収は非常に難しくなりました。

最終的には後で述べるように債券発行につながっていくわけですが、当時の先輩たちは預金集めに必死の努力を傾注されています。

本田　横浜正金銀行閉鎖の後、その顧客預金は新たに東京銀行に受け継がれなかったのでしょうか。

井上　それは概ね順調に受け継がれていったと言えるようです。しかし、横浜正金銀行の預金は企業の営業性預金の比重が大きく、個人の貯蓄性預金は少なかったので、東京銀行の安定した円資金調達力には直結しませんでした。

本田　当時のインフレ率に照らして考えると、定期預金は顧客から銀行への恩恵という性格があって、貯蓄性預金を集めるのは大変ではありませんでしたか。

井上　それはその通りですが、当時は銀行もいろいろ工夫しています。

例えば、東京銀行では「オリンピック定期預金」というくじ引きでの割増金付定期預金を提供していました。宝くじと定期預金を組み合わせたような金融商品です。他行も同じような割増金付定期預金をいろいろ工夫して提供していました。

本田　当時の預金金利規制との整合性はとれていたのでしょうか。

井上　考え方は、利息の支払総額は預金金利規制の限度内に収めなくてはならないが、その配分は銀行の裁量でメリハリをつけることができるということです。

そのほかにも東京銀行は、チェーン預金、ギフト・チェック、ナイト・デポジット、国内旅行小切手など、知恵を絞って個人預金の吸収につながりそうな新金融商品を次々と生み出しています。

なかでも一番革新性があったのはチェーン預金ですが、これは銀行の特定店舗に預けた預金を他の店舗でも自由に引き出せるというものです。サイファー（暗号）を使った処理になっていましたが、犯罪につながったこともありました。

ほかにもいろいろアイデアはありましたが、大蔵省に説明して了承を得る必要があり、アイデア倒れで実現に至らなかったものも数多くあったようです。こうした工夫は必ずしも生産性が高かったとは言えませんが、円資金力の強化という課題に向かって当時の先輩たちが必死に取り組んだ姿には頭の下がる思いがします。

東銀のこうした取り組みは、都銀各行からは「素人が何をしているのか」といった冷やかな視線を浴びていたようです。店舗数が限られているので、東京銀行は全体としては強い競争相手とは見られていなかったのですが、店舗のある地域ではアグレッシブな営業姿勢が恐れられていた面もあったようです。

♣債券発行銀行へ

本田　そうした時代があって債券発行という新しいテーマが浮上してくるわけですね。

井上　円資金調達力の強化は東京銀行誕生以来の課題であったわけですが、それへの対応を整理して話すと次のようになります。

まず、日本銀行から特別な資金借り入れを考えました。しかし、日銀はそれには否定的でしたので実現しませんでした。まとまった資金の調達方法として次に考えられるのは市場資金の取り入れですが、日本には他国に存在するような無担保コール市場がなかったので、担保不足が制約となりました。

例えば、一〇〇の融資をする場合の資金繰りを考えてみると、歩留まり預金を三〇期待できるとしても、担保を使って調達できる市場性資金はせいぜい五〇で、差し引き二〇の資金が不足するので、それだけは自分で調達した資金で賄わなければなりません。当時は外貨の円転換は認められていなかったので不足分は個人預金だけが頼りで、お話ししてきたように必死の預金集めがなされたのですが、慢性的な円資金不足を解消することは容易ではありませんでした。そこで無担保での資金調達の方法として、債券発行を考えることになったわけです。

私は一九五七年二月にニューヨークから帰国し、本店総務室に配属になりましたが、そこで与えられた検討課題は「円資金調達力強化のため債券発行の道を考えよ」ということでした。日本では戦前は日本興業銀行、日本勧業銀行、北海道拓殖銀行の三行が債券を発行していましたが、戦後は「銀行等の債券発行に関する法律」に基づいて引き続き債券発行を行ったのは日本興業銀行だけで、他の二行は債券発行銀行ではなくなっていました。法律の条文解釈上は可能であったので、為専移行前の一九五〇年に東京銀行は「東京銀行貿易債券」を発行したことがあります。ところがこれは「普通銀行が債券を発行するのは制度の趣旨に反する」と厳しい批判に遭遇することになり、一度きりで取りやめになりました。

債券発行はそれ以来の悲願でありましたので、今度は「外国為替専門銀行として債券を発行できる方法を考えろ」という宿題が私に与えられたわけです。そこで私はいろいろと法律や制度を検討しましたが、最初に到達した結論は、債券発行による資金調達は短期の商業金融を主とする東京銀行にはふさわしくなく、日本の金融制度にも適合しないから無理であるということでした。その結論を上司に報告しましたが、当時の上司や役員はこの報告を認めず、「政策的判断に基づいた債券発行の具体策を考え出せ」という至上命令が下されました。

そこで私は一九五八年から五九年にかけて二年にわたり、この課題に取り組むことになりました。大蔵省銀行局の金融制度調査室（当時）に足繁く通い、外国為替専門銀行としての東京銀行が債券を発行して調達した資金で貸し出しを行うことを認めてもらうための意見書をまとめました。その後、紆余曲折を経て、幸いにも東銀の要望は受け入れられ、外国為替銀行法が一部改正され、一九六二年から債券発行が可能になりました。このときの体験を通して私が教えられたのは、いろいろな調査、研究を通じて出てきた結論も大事だが、そこにとどまっていては何も動かず、経営はそこに政策、戦略といった要素を加えて初めて動くということでした。当時の堀江薫雄頭取の債券発行にかけた執念には今でも感心してしまいます。

債券発行が可能になったとはいえ、当初は大半を他の市中銀行に引き受けてもらういわゆる縁故消化に頼っていました。十分な量の債券を発行するためには、自行の窓口での販売や証券会社経由の販売など、いわゆる一般消化に進まなくてはなりませんが、これは金融界の反対が強く、容易には実現しませんでした。東銀債の一般消化が始まったのは一九七〇年です。それ以降は円資金不足の問題は徐々に緩和されることになりました。

本田　取引先企業の海外事業が増える中で、信金業界は東京銀行と相互依存の関係を深める動きになっていたと思いますが、東銀債の消化で信金業界との関係強化は進まなかったのでしょうか。

井上　一九七〇年代に入って信金業界との付き合いが深まっていったのは事実ですが、信金業界も資金的に余裕があったわけではなく、まとまった東銀債の購入は難しかったと思います。

♣戦前債の処理

本田　次に外国資金調達に関連した話題に移りたいと思います。東京銀行はその後、戦前に発行された外貨建て国債などの債券の事務処理に携わることになりますが、大蔵省のもろもろの東銀支援策はその見返りという側面があったのでしょうか。

井上　それは関係ありません。戦後早々、一九五二年に、ロンドンとニューヨークに東京銀行の支店が設立されたのは戦前債の処理と関連しています。日本政府や一部の地方自治体が戦前に発行していた英ポンド建て、米ドル建てならびにフランス・フラン建ての債券は一九四一年の太平洋戦争の勃発により、元利払いが中断されることになりました。そして一九五二年の講和条約批准に伴い、これをどうするかという問題が出てきました。その年に津島壽一大使（元蔵相）が日本政府の代表となって外債所持人協会と交渉を行い、日本政府は戦前発行の国債、地方債はもとより電力債、満鉄や東洋拓殖など特別会社の社債も含めて、外貨債すべてについて、元利金はもちろん遅延利息も支払うという極めて誠実な対応を約束しました。このような条件での戦前債の処理は歴史的に見ても異例で、日本の誠実な債務履行意思は高く評価されて、日本に対する国際的信用は一挙に高まりました。

その後、一九五九年に産業投資特別会計による国債（産投債）がニューヨークで起債され、一九五三年以降は電力、製鉄、高速道路等に関連して世銀借款が進展し、さらに五〇年代末ごろから民間銀行が米銀からクレジットラインを受けるようになりますが、順調にこれらの信用を受けることができたのは誠実な戦前債処理の好影響と言えると思います。

余談ですが、私が一九七〇年代にロンドンにいたころ、よく出入りしていたユダヤ人の洋服屋さんが日本国債で財をなしたという話を聞いたことがあります。この人は日本人の気質をよく知っており、「日本人は戦争に勝っても負けても債務は履行する」と確信していたのでしょう。戦争中反故同然になっていた日本国債を何万ポンドか、例えば額面一〇〇ポンドのものを二〇ポンドぐらいで買い集めていたようです。戦後、一九五二年に利払いが開始されたとたんに、流通市場で債券にプレミアムがついたので、大金持ちになったというわけです。

さて、戦前債で横浜正金銀行がロンドンとニューヨークでフィスカル・エージェントとして元利払いの受託者になっていたものについては、東銀は一九五二年にそれを受け継ぐ形で、両支店で元利払いを始めました。このときニューヨークでは、州当局から、元利払いには減債基金などの信託的機能が含まれているので普通銀行のエージェンシーが行うのは不適切で、早急に信託会社を作って引き継ぐべきであるという指示を受け、その指示に従い、州法に基づく信託会社の設立を行いました。その結果、ニューヨークでは、Bank of Tokyo, New York Agency と Bank of Tokyo Trust Company の二つを支店長以下全員兼務で運営する体制となりました。戦前債の元利金支払いは国家の信用にかかわる重要な業務で、その監督は当時の日本銀行のロンドン、ニューヨークの駐在員事務所の大事な仕事の一つであったようです。

本田　お話を聞いていると、大蔵省と日本銀行では東銀への政策対応にはっきりとした違いが感じ取られますが、その違いはどのように説明できるでしょうか。

井上　それは横浜正金銀行の時代からある違いですが、大蔵省は一貫して国策的に正金銀行を支援する立場で、必要な資金も極力提供すべきだという方針でした。これに対して、日銀は正金銀行に対する特別資金供与には反対の立場で、大蔵省との間で妥協して部分的には資金供給に応じましたが、大きな金額にはなりませんでした。日銀は中央銀行として金融システム全体をみており、特定の銀行を優遇するのは適切でないと考えたわけです。もう一つ、日銀の正金銀行に対する反発があったと思われます。正金銀行の設立は明治一三年、日銀の設立は明治一五年で正金銀行の方が先輩ですが、在外正貨は正金銀行に預託されていたこともあり、正金銀行は外国為替の分野では中央銀行の働きを担いかねない存在で、日銀にとって煙たい存在であったようです。

本田　戦後の大蔵省の東銀に対する支援には、貿易金融分野で自立して活動できる銀行を政策的に育てたいという考えが働いていたと思われます。

井上　外国の銀行に支配されていた状況からできるだけ早く自主権を回復したいという考えがあったのは間違いないところです。

Column ① 横浜正金銀行沿革

◆ ◆ ◆

明治維新で世界経済に門戸を開いた日本に自前で外国為替や貿易金融をこなせる銀行を作ろうという構想のもとに、明治13年（1880年）に横浜に設立されたのが横浜正金銀行である。福沢諭吉と大隈重信が有力な提唱者であった。

設立当初は、特別の条例によらず，アメリカの制度にならって公布されていた国立銀行条例（明治9年改正）に準拠し、資本金300万円で発足した。資本金の3分の1に当たる100万円は政府が出資し、監督のため管理官が任命された。明治20年（1887年）には横浜正金銀行条例が制定されて、外国貿易関係の業務を専担とする特殊銀行の根拠法規として規定が簡明になった。

明治から大正、昭和にかけては、日清戦争、日露戦争、第一次世界大戦、満州事変、日華事変、太平洋戦争と戦争が続き、横浜正金銀行の経営環境は終始多難であったが、67年の歴史を通じて、わが国の外国為替・貿易金融の大半を取り扱い、世界的にも卓越した外国為替銀行の一つとしての名声を博する金融機関となった。東京銀行編『横濱正金銀行全史 第一巻』(1980年刊) 巻末資料によると、昭和18年 (1943年) 初めには、内地に8店舗、海外に38店舗を持ち、海外はアジアが中心であったが欧州にはロンドンほか4店舗、アメリカにもニューヨークほか4店舗があった（ただし、ロンドンと、ニューヨークなどの在米支店はこの時点では一時閉鎖中)。

戦後は、軍費の調達、あるいは占領地金融政策への協力などでこの銀行が戦時中果たした経済的役割はGHQ当局の看過し得ないところとなって閉鎖機関に指定され、国内資産だけを東京銀行に譲渡して横浜正金銀行は清算されることとなった。

第二章
アメリカ経済黄金期のニューヨーク金融市場

《一九五〇年代半ば〜六〇年代》

この章では、井上氏の初の海外勤務となるニューヨーク支店時代（一九五五年〜五七年）、及び、二度目のニューヨーク支店勤務のころ（一九六一年〜六六年）のことを中心に、当時、黄金期を迎えていたアメリカの豊かさ、アメリカ金融市場の特徴やそこでのドル資金調達の苦労談、さらにはアメリカという国の印象などについて語ってもらった。

♣初の海外勤務――ニューヨーク

本田　この章では、銀行の外貨資金調達の話に移りたいと思います。まず手始めに、井上さんの初めての海外勤務について伺いたいと思います。一九五五年に最初のニューヨーク支店勤務につかれていますが、小学校時代の台湾以外に、それまで外国で暮らされたことはあったのでしょうか。

井上　ありません。外国は初めてでした。初めてのアメリカは、第二次大戦後のまさに全盛時代で、国力が充実しているのみならず、非常に清潔で堅実な社会であったと思います。ニューヨークという都市も、当時はストリップ劇場などないころでした。日本はまだ非常に貧乏な時代で日米の生活水準の格差は大きかったのですが、一番驚かされたのは、地域暖房が行き届いており、また洗面所でもコックをひねれば熱湯が出てくることでした。現地での給与は日本国内と比べると悪くありませんでしたが、車は中古車しか買えないし、生活は楽ではありませんでした。

本田　当時の海外勤務は、単身赴任が原則であったと聞いています。

井上　当時、海外勤務は「特別な使命」という感覚で、支店長、次長は家族同伴が可能でしたが、それ以外は年配の支店長代理クラスも含めて単身赴任が原則でした。その理由は、海外支店経営の費用を節約したいということに加え、面倒をみなくてはならない同伴家族がいると、行員の仕事にマイナスの影響が生じるという考え方もあったようです。間違った考え方だと思いますが、当時の風潮ではやむを得なかったかもしれません。

これは不自然な規則ですから、抜け道を探す人も出てきて、奥さんを留学生扱いにするなどの方法で家族を呼び寄せる人もいました。実は私も新婚早々であったため、秘かに妻を何とか呼び寄せようと試みたところ、当然のことですが、本店人事部に発覚してしまい、人事部長から支店長あてに電信が入り、「貴店の書記井上實、銀行の許可を得ずして家族呼び寄せを企図し、手続きを進めたるは誠に遺憾に堪えず、家族の渡航は差しとめたるにつき本人は即刻帰国せしめられ度し」ということで、支店長から大目玉を食らうことになりました。いまだに忘れられない失敗談です。

こういう次第で、最初のニューヨーク勤務は二年の短期間で、一九五七年二月には本店に戻りました。単身赴任の原則については、私の失敗談から半年たったころから銀行の方針が変わって、着任して一年経過後は家族の呼び寄せが可能になり、私が帰国するのとすれ違いに行員が家族を連れて海外赴任する時代に変わりました。

♣ドル資金調達の苦労談

本田　本題に戻って、ドル資金調達の苦労話について伺いたいと思います。

井上　実は最初のニューヨーク支店勤務のころ、すなわち一九五〇年代半ばでは、日々の資金繰りは別として、基本的にドル調達の問題はありませんでした。それを専門に行う担当者もいませんでした。なぜかと言えば、当時は日本の輸入のファイナンスはアメリカなどの外国の銀行に全面的に依存しており、日本の銀行は自分でファイナンスを請け負っていなかったので、現地貸し以外は自分で外貨資金を調達する必要がなかったからです。ドル資金調達問題に本格的に取り組むようになったのは一九六〇年代になってからです。

本田　そのころになると、日本の国際収支赤字のファイナンスの問題もあって、東銀のドル資金調達力強化への政府の期待も強くなっていたのではないでしょうか。

井上　日本は、一九五七年ごろから、好景気が続くと国際収支の赤字に悩まされるようになりました。それに関連して政府の預託外貨が一部引き上げになり、一方で海外に進出した日本の商社等の外貨資金需要も高まったので、五〇年代末ごろから為銀《ためぎん》（外国為替銀行）の外貨資金繰りは窮屈になってきました。外貨資金調達力の強化は為銀になって以来の課題でしたが、本格的にそれに取り組むことになりました。政府の期待も大きかったと思います。私は一九六一年夏から五年間、再びニューヨーク支店で働きましたが、この時は主として資金調達活動に従事しました。

本田　そのころはニューヨークの銀行引受手形（ＢＡ）市場がドル資金調達の中心的市場で、日本にとっても大変ありがたい市場であったと思います。

井上　その通りです。一九五九年一〇月には、東京銀行ニューヨーク支店の引受手形がニューヨーク連邦準備銀行の買い入れ対象に入り、いわゆるeligibility（再割適格）の認定を受けています。これにより、市場での信用力が向上し、自分で引き受けた手形をＢＡ市場で売却して資金化しやすくなりました。もっとも、小型の手形を個別に市場に売却するのは手間がかかりますが、ある時から、裏付けとなる貿易取引を束ねて、まとまった金額の手形を振り出して米銀に引き受けてもらい、割り引いてもらう方法をとるようになってからは、引受手数料はかかりますが、大量取引で効率的に資金調達が行えるようになりました。東銀は日本政府の外貨預託のほかに、大蔵省の決済用の当座預金も受け入れており、このことは市場での高い信用力につながりました。

ドル資金調達に関してより大きな仕事はアメリカの銀行からのクレジット・ライン（与信枠）の獲得でした。これは日本全体の外貨調達力につながる問題でもありました。大手のいわゆるマネーセンターバンクとの取引だけでは不十分で、積極的に地方銀行も訪問してクレジット・ライン交渉を行いましたが、着実に成果は上がったと思います。

前に触れたように、戦後、外銀は日本政府から外貨預託を受けて、それを見返りに日本の輸出入業者に信用を与えたり、あるいは日本の銀行を経由して信用を与えたりしていましたが、一九六〇年代になると、小売りの輸出入金融は日本の銀行に任せ、米銀はもっぱら日本の銀行に卸売りで資金を供与し、いわゆるホールセールの果実を享受するようになっていました。

一九六〇年代のアメリカの銀行は日本に対する与信で大いに稼ぎ、ジャパンデスクの人たちはどんどん出世していきました。一九六五年に山陽特殊製鋼が日本で会社更生法の申請を行ったことがあります。このとき、この会社がアメリカの銀行から取り入れていたインパクトローン（資金使途を限定しない融資）について、保証銀行の三菱銀行が期限前の代位弁済を行ったということで、日本の銀行は債務者として真面目だという評判が立ちました。こうしたこともあって、当時のアメリカの銀行は、日本の銀行に貸していれば必ず儲かるし、安全であるという意識が強かったようです。

本田　私がトレイニーとしてお世話になったメロン銀行の日本担当の人も、後にこの銀行の頭取になりました。二回目のニューヨーク勤務では大いに地方回りをなさったわけですね。

井上　大いにやりました。地方都市回りはアメリカを知る上で大変よい経験になりました。当時訪問した銀行には、後にトレイニー制度を始めた時にトレイニーの受け入れ先になってもらいました。

本田　二度目のニューヨーク勤務はアメリカがベトナム戦争に深入りしていった時期に重なりますが、アメリカ経済には変化が見られましたか。

井上　一九六四年にはアメリカが利子平衡税を導入したりして少しずつ情勢は厳しくなりますが、まだアメリカ経済の黄金時代に基調的変化は見られず、世界的なドル不足の状況にも変化はなかったと思います。一九六三年一一月、仕事中にケネディ大統領暗殺というショッキングな出来事が伝えられ、世の中が騒然となったことを覚えています。翌日は、現地の金融当局に諮って、一日銀行を閉店しました。

本田 私生活の面では最初のニューヨーク勤務のころと比べて大きな変化はありましたか。

井上 日本経済は年を追って成熟し、一九六四年にはＩＭＦ八条国移行、ＯＥＣＤ加盟、東京オリンピック開催などが重なり、元気のよい時代に変わっていました。現地での生活水準も大きく向上しており、車は新車を購入できるようになったし、住宅事情も向上しました。人種差別を受けた記憶もありません。なお、このころには東銀以外の日本の銀行も七、八行ニューヨークに進出してきていました。

♣「国際銀行夏季学校」の思い出

井上 ここで話題が変わりますが、付け加えておきたい思い出があります。二度目のニューヨーク勤務では、日々クレジット・ラインの交渉で米銀との折衝に当たるのが私の主要な任務であったわけですが、人間の運命とは不思議なもので、前回の五〇年代の在勤時に得た経験がここで丸々役立ったのです。

というのは、銀行界では古くからイギリスのインスティチュート・オブ・バンカーズが毎年主催するインターナショナル・バンキング・サマー・スクール（国際銀行夏季学校）というのがあります。世界中から前途有為の少壮銀行家を一堂に集めて合宿訓練するものですが、一九五六年はたまたまアメリカで開かれました。

日本からは、私がニューヨーク支店からの現地参加ということで出席の機会を与えられました。場所はニュージャージー州のラトガース大学で、期間は二週間ほど、参加者は四〇カ国から二〇〇名。各国から集まった将来有望な少壮のオフィサーたちでした。日本人は私以外に二名が出席しました。

午前中は座学・講話・討議などが開かれ、午後はサッカー、バスケットボールなどの体育を行いました。野球は欧州人のためにあらかじめルールを解説し、米・日・加・比などからの参加者が実技を見せたりしました。一日かけてヤンキー・スタジアムに全員で観戦に出かけたこともありました。

私にとって幸いしたのは、二度目のニューヨーク勤務で米銀との折衝が主要な仕事になったとき、この学校で親しくなった連中がそのまま交渉の相手方になったことです。ナショナル・シティ（後にエフ・エヌ・シー・ビー、さらにシティバンク、シティグループになる）の会長になったウオルター・リストン氏をはじめ、チェース、モルガン・ギャランティ、マニュファクチュラーズ・ハノーバー、ケミカルなどのアメリカを代表する銀行の人たち、それに加えて地方の大銀行の人たちです。

学校での人気者は、ソ連外貿銀行から参加したゲロチェンコ氏でした。一九八〇年になって私が同行を訪問した時には同氏は頭取になっていて旧交を温めました。中国は、まだバンク・オブ・チャイナが台湾から来ていました。

三〇年後にこの学校がスイスのインターラーケンで開催された時には、私は今度は講師の一人として招かれました。

Bank of Tokyoという名前がいかに素晴らしいか、私自身強く印象づけられたのも、この夏季学校参加の収穫でした。

♣アメリカという国

本田　アメリカ勤務を通じて体得された「アメリカについての考え方」をもう少しお聞きしたいと思います。まず言葉の問題ですが、英語でのコミュニケーションで苦労されたことはありませんでしたか。若い世代の読者の関心もありそうですので、苦労話や克服策などありましたらお聞かせください。

井上　率直なところ、仕事をこなす上ではさほど英語に不自由した覚えはありません。ビジネスの話は、同じ世界の人間として、相手の考えが自ずと分かるから、コミュニケーションは容易です。仕事以外ではもちろん不自由することはありましたが、特に高い目標を設定して努力した経験はなく、自然体で臨んだというところです。

本田　ロンドンでは、正金銀行のころからの伝統として、支店長が若手行員に「シェークスピアを観てこい！」といった言い方で言葉の訓練を促したと聞いたことがあります。他の金融機関や商社などでも、週末は日本人だけで食事をしたり、ゴルフをしたりするのはご法度といった指導をする例もいろいろあったようです。

井上　ロンドンでは、確かに本場の英語を学ぶという意識が強かったかもしれません。しかしながら、一九六〇年代から七〇年代にかけて、ユーロダラー市場の成長に伴ってアメリカの銀行が大挙してロンドンに進出するようになると、ロンドン市場の英語は崩れてアメリカ英語もまざってきました。

ユーロダラーの話は別途詳しくお話しすることになると思いますが、一九七三年のオイルショック以降、オイルマネーの還流でロンドンのユーロダラー市場が急拡大すると、世界中の有力銀行がロンドンに進出するようになり、アメリカからも多くの地方銀行までが進出してきました。その結果、ロンドンでは英語だけでなく、生活習慣までがアメリカ流になっていきました。

一例をあげると、アメリカ人は氷の入った冷たい飲み物を好む傾向があり、その好みに合わせてホテルのバーやパブでも常時氷が提供されるようになりました。それまではイギリスでは飲み物に氷片を入れて飲む習慣はありませんでした。

また、一九六〇年代から七〇年代にかけて、ロンドン等でのドル業務を多角的に取り扱うため多くの多国籍銀行、いわゆるコンソーシアム銀行が設立され、マーケットはさらに活況を呈しましたが、これもロンドン市場の変質を語る上で忘れがたいことであったと思います。

本田　アメリカの話に戻りたいと思いますが、アメリカでの地方銀行回りの経験から「アメリカは連邦国家」という認識を強められたと聞きましたが、いかがでしょうか。

井上　確かにアメリカは広く、文化、習慣、話し言葉、人柄といった点で州ごとの違いは大きいです。地方銀行はニューヨークの中心勢力であるいわゆるマネーセンターバンクとは違ってローカル色が強く、考え方も多様性に富んでいました。相手をよく研究して付き合うことが必要になりましたが、反面、多様性に富んでいて面白い付き合いができたとも言えます。

本田　アメリカでは、もともと州単位で行政の枠組みができ、一七八七年に一三の州がいくつかの主要な権限を中央政府に移譲する決断をして、アメリカ合衆国という連邦制国家にまとまった歴史的経緯からも分かるように、州の権限、個性が強いですね。中央政府に集中した権限を地方に移譲していこうというわが国の道州制の議論とは動きの方向が違います。

それはさておき、アメリカの銀行は国法銀行と州法銀行に分かれますが、訪問された銀行には州法銀行もあったのでしょうか。

井上　数の上では国法銀行が多かったと思いますが州法銀行もありました。私が地方銀行回りに精を出した一九六〇年代前半のアメリカの金融界というのは、厳しく規制されていました。大きな制度的枠組みとして、グラススティーガル法で銀行業と証券業の兼営が禁止されており、さらにマクファーデン法により銀行が州をまたいで営業を展開することが原則禁止されていました。こうした規制の枠組みの中で各銀行は基本的にそれぞれが本拠とする州に閉じ込められていました。

本田　かつて井上さんは「アメリカはシステム国家である」と表現されたことがあります。これはどのような見方でしょうか。

井上　イギリスからアメリカ東海岸にたどり着いたピューリタンがアメリカの歴史の開拓者とされていますが、実際のアメリカは、その後各地からやってきた移民が作り上げた多民族国家です。そのため、多種多様な個性を持つ人種の集まりをどうやって一つの国家として統一するかということが、出発点からの基本的テーマでした。このテーマは、政治家のレベルでも一般民衆のレベルでも共通の関心事として常に意識され、結果的にアメリカ社会はうまく統合されてきたと言えると思います。システム国家というのは、バックグラウンドの違う人々の集団を一つにまとめるしくみを作り上げた国という意味です。

私のもう一つのアメリカ観は、「アメリカは善意の国である」ということです。ビジネスの上でもアメリカ人の善意を感じることはよくありましたが、国家レベルの付き合いでも、日本はアメリカの善意に救われている面が大きいと思います。戦後のガリオア・エロア（アメリカ陸軍省対外援助予算の科目名）による復興援助、日本のガット加盟のための心血を注いだ支援などは、アメリカならではのものであったように思います。

戦後、日本がソ連、中国、イギリス、オーストラリアなどを加えた複数の連合国で分割して占領されていたらどうなっていただろうといった議論がなされることがありますが、想像がつきません。アメリカ一国に占領されてよかったということだと思います。

第三章
苦難のイギリス経済とロンドン金融市場
――ポンドの退場とユーロダラー市場の誕生

《一九七〇年代初め～八〇年代》

この章では、井上氏の三度目の海外勤務となるロンドン支店時代（一九七二年〜七六年）のことを中心に、ユーロダラー市場の発展で国際金融センターとしてよみがえったロンドン金融市場の変貌やイギリス経済再生の動きなどについて振り返ってもらった。

♣ユーロダラー市場の誕生

本田　井上さんの三度目の海外勤務はロンドン支店で、一九七二年から一九七六年まで勤務されています。同じ英語圏ですが、アメリカとはカルチャーが大きく異なっていたのではないでしょうか。

井上　その通りです。面白いことに、正金銀行のころからの伝統として、海外勤務については「大西洋のギャップ」がありました。つまり、日本とアメリカ、日本とヨーロッパとの間で人の移動はあっても、大西洋をまたいでアメリカとヨーロッパで人が移動することはあまりありませんでした。東銀になって少しずつ変化が生じ、私のロンドン勤務のころから交流が進むようになっていました。

本田　一九六〇年代から七〇年代にかけてロンドン金融市場は大きな変貌を遂げていくわけですが、七〇年代初めではまだシティ（ロンドン金融市場の通称）を取り仕切っていたのはクリアリングバンクであったと思います。

井上　その通りです。伝統的な商業銀行であるクリアリングバンクが主役で、ホールセールが中心で小回りのきくマーチャントバンクがいくつか存在し、それにマーケットの仲介者としてのディスカウント・ハウスが加わって、三つの金融グループの間で棲み分けができていました。

人材という面では、クリアリングバンクとマーチャントバンクの間には大きな違いがありました。クリアリングバンクの場合は大学出はほとんどおらず、徒弟制度のもとで鍛え上げられた人たちが経営を担っている感じでしたが、マーチャントバンクの場合はパブリック・スクールの出身者やオックスフォード、ケンブリッジのリベラルアーツの卒業生もおり、個性豊かで万能選手のような人たちの集まりでした。

本田　そうしたロンドンの伝統的な金融市場は、世界の貿易金融がポンド建てからドル建てに変わっていく動きの中で大きく変貌していくわけですね。

井上　イギリスでは第二次世界大戦後、産業の国際競争力が低下して国際収支の赤字が続き、たびたびポンド危機に直面するようになります。このため一九五七年ごろから非居住者に対するポンド建てリファイナンスの禁止とか、第三国間取引でのポンド使用の禁止という形で国際通貨ポンドの使用を制限するようになりました。一九六七年にはついにポンドの切り下げに追い込まれました。イギリスの銀行は長年ポンドで国際金融ビジネスができたのですが、その基盤が崩れてきたわけです。

一方で、このころからアメリカから流れ出たドルをロンドンの銀行が預金として受け入れ、ロンドンでドルを使用した金融ビジネスが行われるようになりました。いわゆるユーロダラーの登場です。

ユーロダラー市場の発生要因としてはいくつかのことが指摘されています。東西冷戦下で、東欧諸国には、アメリカに資産を預けていると政治的理由で差し押さえを受けることを恐れる向きもありました。とりわけ大きな意味を持ったのは、アメリカで一九八三年まで続いたレギュレーションQという厳しい預金金利規制の影響であったと思います。国外でのドル預金にはレギュレーションQの規制は及ばないので、アメリカにあるドル預金を金利の自由なロンドンに持ってくるという動きが一九五〇年代末ごろから出てきました。

ポンドでの国際金融ビジネスができなくなったイギリスの商業銀行は、このようにして入ってくるようになったドル資金での金融ビジネスを手掛けるようになりました。もともとロンドンの金融市場としてのインフラストラクチャーは充実しており、イギリスの中央銀行であるイングランド銀行が、ロンドンの国際金融センターとしての地位を維持する観点から、ユーロダラー・ビジネスを支援する態度をとるようになったことも、市場の発展を支えました。こうした流れを受けて、一九七〇年代になると、先ほど触れたように、世界各地の銀行、とりわけアメリカの銀行が大挙してロンドンに進出して、この種のビジネスに参加したので市場は急速に成長しました。

アメリカのドル防衛策がユーロダラー市場の成長を促進した面もあります。一九六三年にはアメリカで利子平衡税が導入され、アメリカで安い金利で資金を借り入れても、外国での借り入れと同じ調達コストとなるよう課税されたり、一九六五年には米銀の対外与信に規制が加えられたりと、アメリカの国際収支対策に絡んだ規制が増えました。このためアメリカ金融市場での資金取引は不自由となり、規制のないユーロダラー市場の優位性が目立つようになりました。中長期の協調融資やユーロ債の発行市場ならびに取引市場も次第に発達しました。ユーロダラー市場が量的にも大きく成長するのは、一九七三年に生じた第一次オイルショック以降です。産油国に集まった巨額のオイルマネーはその多くがロンドンを中心とするユーロダラー市場に預けられ、主として中長期のシンジケートローン（国際的な銀行団を組成して行われる融資）という形で国際収支赤字国に融資されました。一九七九年の第二次オイルショックでも同じことが起こりました。石油価格の急上昇で生じた世界的な資金の偏在を是正するという大きな仕事が、この市場を通じて進捗することになりました。大きくなりすぎたユーロダラー市場はいろいろ問題も引き起こすのですが、それは後の話です。

なお、ロンドンに誕生したユーロダラーの市場はその後、ブリュッセル、パリ、アムステルダムなどにも広がっていきました。通貨もドルだけでなく、円やマルクなども、同じように外国の金融機関に預けられてそこで各種金融取引に使われるようになりました。こうした通貨を総称して「ユーロカレンシー」という呼び名が定着しました。一九七〇年代になると、ロンドン金融市場はドルの市場になっていました。ロンドンだけでなく、一九七〇年代のヨーロッパ金融市場では、国際金融活動の大きな部分がドルでの取引になっていたと言えます。その意味で、戦後の国際金融の歴史において、ユーロダラー市場の誕生が持つ意味は大きいと思います。グローバルな金融取引の拡大をもたらすとともに、さまざまな金融イノベーションの進展につながりました。いわゆるマチュリティ・トランスフォーメーション（短期調達での長期運用）の機能が思い切り発展して、長期与信が可能になりました。これが後日、発展途上国累積債務問題を生み出す原因にもなるわけですが。

♣ユーロダラー・ビジネスのリスク管理

本田　日本の銀行は当初はユーロダラー取引に消極的であったと思いますが、ある時期から過当競争気味に取引を拡大したように見えます。

井上　東銀ロンドン支店も一九五〇年代にユーロダラー取引が始まった当初は、正体不明と見て静観していました。しかし、市場の成長に伴って徐々に取引は増え、私が一九六六年にアメリカから帰国して外国総務部次長になったころには、東銀の外貨資金調達におけるユーロダラーのウエートはかなり大きくなっていました。

ところが、当時の日本は大変な規制社会で、ユーロダラーの取り入れについても、期間、金額、金利などについて当局の規制、介入があり、苦労したことを覚えています。それらの規制はやがて緩和され、日本の銀行にとってもユーロ資金は大切な資金源になっていきました。

日本の銀行がユーロ市場でシェア争いを繰り広げるようになったのは一九七〇年代後半以降で

すが、その前に一九七四年から七五年にかけては、日本の銀行はユーロダラー市場で資金の借り換えが思うようにできないという外貨資金繰りの危機を経験することになりました。その大きな背景は、一九七三年秋に発生した第一次オイルショックで、石油を全面的に輸入に頼っている日本は貿易収支が大幅赤字となり、国全体が外貨不足に見舞われたので、日本の銀行の信用も揺らいだことです。さらに一九七四年には、六月に西ドイツのヘルシュタット銀行が、一〇月には米銀大手のフランクリン・ナショナル銀行がそれぞれ経営破綻するといった出来事が続き、ユーロ市場の活性度が失われたため、日本の銀行はジャパンレートと呼ばれる割増の金利を払ってようやくユーロダラーの取り入れができるという状況がしばらく続きました。一九七五年には日本のオイルショックへの対応も進み、状況は改善に向かいました。

本田　いくつかの大手金融機関の経営破綻に伴う混乱もあって、その後、自己資本規制という動きに発展していくわけですね。

井上　ユーロダラー市場は、ドルである以上、ドル資金の受け渡しはニューヨークで行われるわけですが、その成長が続く中で、市場の安定性についてはいろいろ議論がなされていました。ユーロダラーには信用創造機能はなく、その意味では安全な資金であるというのが定説であったと思いますが、市場が危機に陥った場合に登場する lender of last resort（最後の貸し手となる中央銀行）がないこと、ユーロダラー・ビジネスに参加している金融機関の監督体制が整備されていないことなどの問題点は早くから指摘されていました。また、ドル以外の通貨も含めたユーロカレンシーでの取引を通じて国際的に金融機関の間で無担保の貸し借りの関係が積み上がる中で、特定の金融機関が行き詰まった場合に予想されるマイナスの波及効果をいかに抑制するかは、実務上も大きな関心事項となっていました。

そうした議論を通じて、ユーロカレンシー・ビジネスに加わる銀行の自己資本を充実することが市場の安定につながるという考え方が出てくるわけですが、一九七五年にG10中央銀行総裁会議の常設委員会として発足したバーゼル銀行監督委員会（通称バーゼル委員会）で検討され、長い準備期間を経てリスク資産総額の八％以上の自己資本を要求する、いわゆるＢＩＳ自己資本比率規制が導入されたのは一九八八年のことでした。

私はロンドン勤務で自己資本の比率を高めることの重要性を認識させられました。一九七四年から七五年にかけてユーロ市場が緊張したとき、当時多数存在していた多国籍のコンソーシアム銀行は一様に自己資本不足で信用力が乏しく、資金調達に難渋しました。ロイズバンク・ヨーロッパというイギリスの名門、ロイズ銀行の子会社も資金調達に苦労していました。支店であれば、ロイズバンクの資本で懐が深いわけですが、子会社ではキャピタル・ストレングスに限界があると見られたわけです。

私は一九七六年の春に帰国し、本店の常務取締役として、業務計画などに関連して自己資本比率の重要性を強調しました。当時の日本の銀行界では資産規模の増大を重視する傾向が強く、自己資本比率については観念的、理論的にその重要性は分かっていても、実際の銀行の経営に生かすのは容易ではなかったように思います。

♣周辺諸国でのユーロダラー・ビジネス

本田　これまでの聞いた話を補足する形でいくつかお尋ねしたいと思います。

まず、ロンドンでユーロカレンシー・ビジネスが始まったのち、周辺のヨーロッパ諸国でも同じようなオフショア市場創設の動きが出てきましたが、ロンドンからご覧になっていて、規制、税制などに関連して何か特徴的な動きはありましたか。一九八二年に東京オフショア市場創設を展望して元財務官の細見卓さんを団長とする大調査団（三四社参加）が組成され、私はその幹事団の一員として約三週間にわたり世界の主要オフショア市場を視察したことがあります。

井上　ブリュッセル、パリ、アムステルダムなど各地で「自分たちにもできるだろう」と同じような市場づくりが進んだことは確かですが、結果的に見て、ロンドンの市場が圧倒的に大きく、他には目立った実績を上げた市場はなかったと思います。

ロンドン市場繁栄の背景としてまず指摘すべきは、ロンドンは国際金融市場としてのインフラが別格と言っていいほど整っていたことです。新しいビジネスの開発に意欲的なマーチャントバンクの存在はその一つの要因です。次に米銀が大挙してロンドンに進出して、ロンドン金融市場が実質的にドルの市場に変質したことです。すでにお話ししたように、ロンドンではアメリカ英語が主流になり、生活習慣まで、いろいろな面でアメリカナイズされました。イングランド銀行が、ドル取引の拡大に前向きに対応したことの影響も大きいと言えます。

一九六〇年代から七〇年代にかけて、ユーロカレンシー・ビジネスに特化したコンソーシアム銀行（多国籍合弁銀行）が数多く設立されましたが、一部の例外を除き、ほとんどがロンドンに設立されました。

本田　そうした中で欧州東銀はパリに設立されましたが、その根拠は何だったのでしょうか。フランスからの誘致はあったのでしょうか。

井上　誘致はなかったと思います。フランスという国への期待はあり、金融市場としても伸びるという見通しはそれなりにあったので、邦銀他行との対比で東銀が優位にあったパリが選ばれたということでしょう。ルクセンブルクにホールディングカンパニーを設立し、そこで資金調達してパリで運用するという構想はよかったと思いますが、結果的にあまり成功したとは言えません。

繰り返しになりますが、ユーロダラー取引が国際金融ビジネスに与えた革新効果は非常に大きなものでした。アメリカ国内での取引にはいろいろと規制が残っていましたが、ユーロダラー市場では金利も期間も話し合いで自由に決めることができ、ユーロ債の発行、シンジケートローンの組成といった新しいビジネスもできて、金融ビジネスがグローバル化しました。シンジケートローンは短期借りの長期貸しの取引で、財務制限のあるアメリカでは制約があり、ユーロ市場で初めて自由に行えるようになったものですが、自由に行えることは長所であるとともに短所でもあり、後にいろいろ問題を引き起こすことにもなりました。

なお、ユーロカレンシーというのは、今となっては一九九九年に誕生したEUの共通通貨「ユーロ」と混同されかねない名称ですが、当該通貨の発行国の外で、主としてヨーロッパの金融市場で取引されるようになった通貨という意味で、共通通貨「ユーロ」とは関係のない別物です。共通通貨「ユーロ」に先んじて、面白い呼び名が定着したものです。

本田　ユーロ市場の成長に対応する形で一九七〇年代半ばごろからBISの枠組みで国際金融ビジネスに関する一定の基準づくりの動きが出てきますが、日本は当初はそうした動きの「蚊帳《かや》の外」にあったのでしょうか。

井上　当初から「蚊帳の中」にあったと思います。当時から日本の銀行はアグレッシブなユーロ取り入れで注目されており、ある種の国際的非難が日本に向けられていたようです。そのことはわれわれの日常のユーロ取引に関して、日本の通貨当局が絶えず細かく干渉してくることからも感じ取られました。

♣邦銀のユーロダラー・ビジネス

本田　話が若干前後しますが、第一次オイルショックが起こった一九七三年には井上さんはロンドン支店長をされていましたが、一九七一年八月のドルの金交換停止（ニクソン・ショック）など大きな出来事が続いて、支店長としての苦労が大きかったのではないでしょうか。

また、ユーロの取引に関しては、邦銀はユーロの取り入れに熱心であったわけですが、相手別にexposure limit（与信限度）を作ってユーロの放出を行うということもあったのでしょうか。

井上　経営環境の変化ということでは、ロンドン支店の場合、一九六七年のポンドの切り下げは大きな問題でした。ニクソン・ショックは直接経営に影響するところはなかったと思います。

第一次オイルショックの影響でユーロ市場での資金取り入れが難しくなり、一九七四年から七五年にかけて邦銀はジャパン・プレミアムと呼ばれる割増し金利の支払いを余儀なくされたのは前にお話しした通りです。

ユーロの取引に関しては、市場では日本の銀行は「取り手一方である」と不評を買っている面がありました。そこで東銀は、東銀だけであったと思いますが、相手先を名のある銀行に限定して、ある程度までユーロ放出も行うようにしました。取り入れ一〇に対して放出二ぐらいの割合であったと思います。日本の通貨当局からは「資金放出の必要はあるのか」と言われたこともありますが、市場対策上必要であったと思います。

本田　ポンドの切り下げに関しては、直前の東銀の緊急役員会で議論があったそうですが、切り下げなしという見方が大勢であった中で、元駐米大使の朝海浩一郎社外取締役が「イギリスという国の行動様式に照らして判断すると、今回は切り下げがありうる」という説を唱えられて、これが当たったのでした。このいきさつから、「銀行の外の人の意見を聞くことの大切さを知った」という話を当時の役員の一人から聞いたことがあります。

話は戻りますが、一九七〇年代には邦銀の自己資本比率が欧米一流銀行に比べて大きく劣後していたのは確かです。手元に一九八〇年九月末の数字がありますが、邦銀中ベストの三菱銀行でさえ三％で、東銀に至ってはわずか一・七五％でした。こんな状態でよく国際金融市場で付き合ってもらえたものだという気がします。もっとも邦銀は、日本固有の株式持ち合いの慣行で、膨大な含み資産をバランスシート外に保有しており、これが実質的な自己資本として名目上の資本不足を補っていました。

井上　それに前にお話しした誠実な戦前債処理や、山陽特殊製鋼のインパクトローンの期限前代位弁済などで醸成された、日本の金融機関への国際的信用が生きていたわけです。東銀について言えば、前にも触れたように、政府の当座勘定を保有していることも大きな威力を発揮しました。

本田　一九八八年にＢＩＳの八％自己資本比率規制が導入されたとき、日本の銀行は株式含み益の四五％を補完的項目としての資本（tier2）とみなすことが認められました。これは日本の通貨当局のお手柄であったと思います。この規制が導入されたころから、標準的な国際会計基準の必要性についての国際的な共通認識が強まり、対応が進んだと思います。

井上　その通りです。ユーロダラーは信用創造機能は持ちませんが、取り入れは比較的容易ですから、自己資本比率を犠牲にする形で業容が拡大する傾向があります。また短期借りの長期貸しが度を越して行われる恐れもあります。そうした懸念への対応が必要であったわけです。

♣カントリーリスクへの備え

本田　ユーロビジネスが拡大する中でカントリーリスクへの対応が重要な課題として意識されるようになりますが、一九七〇年代末に発生したイラン革命はそうした意味で大きな出来事でした。イラン革命の発端は、一九七八年一月に、伝統的なイスラム文化や社会構造を無視して、急速に西欧型近代化政策を進めようとするパーレビ国王の政策に抗議する宗教指導者率いるデモ隊が警官隊と衝突して、多数の死傷者が出たことでした。その後、抗議運動は国王を追放してイスラム国家の樹立を目指す動きに発展し、ついに一九七九年一月に国王は国外に脱出し、二月にはパリに亡命していたホメイニ師が帰国してイスラム共和国の樹立に至りました。この間イランの石油生産は滞り、第二次オイルショックを呼び起こすことにもなりました。

東銀のビジネスとの関連では、まず、一九五九年に設立された日本イラン国際銀行（ＪＩＲＢ

ANK）の資本金（円換算で約一〇億円）の三分の一は東銀を中心に日本が出資していました。国王の国外脱出の後、この銀行の頭取も脱出してしまい、経営は混乱しました。

また、当時国営石油化学公社（NPC）から日本イラン石油化学公社（IJPC）にリアル建てで支払われた資金の預金を担保に東京で円建て非居住者ローンを東銀幹事で組成していましたので、その責任も問われることになりました。

別件では、シェルオイルのイラン原油輸入に関して、チェイス・マンハッタン銀行が発行した信用状に東銀はコンファーム（確認）する形で関与していました。当初はシェルオイルへの与信として no limit でも供与しようという雰囲気でしたが、事態が急変して履行債務を実行すべきかどうか悩むことになりました。

井上さんはこのころは東京で専務取締役として欧州・中近東地域も担当されていましたが、イラン革命の動きはどのように受け止められていましたか。

井上　本店の建物建設（一九八〇年完成）も含めて一九七九年という年は頭を悩ます案件が多かった超多忙の年で、イラン関連の話は細かいところまでは覚えていません。

先ほどの信用状コンファームの履行債務に関しては、アメリカの敵産管理局が債務履行を認めない立場であったので、実行はできない状況であったと思います。

イラン革命が起こる前のこの国の先行き見通しに関しては、直前に現地大手銀行の記念式典に参加された横山宗一頭取から、「地方に行くと設備は悪く、イランは危ない国のように思う」と同行された奥さまが感想を述べられたという話を聞いたのが印象に残っていました。ロンドン支店長時代には田中清玄さんがちょくちょく支店に立ち寄られて、中近東情報に詳しいこの人から、イランとの取引は慎重に行うよう、忠告を受けていたことも思い出します。

本田　同じようなエピソードとしては、一九七八年の夏に日本イラン国際銀行（ＪＩＲＢＡＮＫ）の増資案件の稟議書が柏木雄介頭取に提出された際、その直前にスイスで現地の三大銀行の頭取たちと会食したとき、「最近イランからの送金が増えている」と聞いたのが気になっていた柏木頭取は、担当部長に稟議書を差し戻され、結局、増資案件は先送りになって難を免れました。

国際金融ビジネスでは、活字になっていない、人との接触から得られる生きた情報が重要だということが実感されます。

なお、イランでは、革命政権樹立後に日本イラン国際銀行は国有化され、今日に至るまで日本側出資分の資本金は返還されていませんが、ＩＪＰＣ関連の円ローンは国家の債務として返済されました。

井上　生きた情報ということでは、以前に横浜正金銀行一三代頭取の大久保利賢さんの勤務スタイルを興味深く聞いたことがあります。それによると大久保さんは、まず朝の一〇時ごろ銀行倶楽部に現れて、コーヒーを飲みながら新聞に目を通し、昼は各行頭取たちとランチを一緒にとってもろもろの情報交換をする。二時から三時ごろに銀行に顔を出して書類を決裁し、夕方になると帰って着替えをして赤坂あたりへ出かけていく。そういう勤務スタイルで、絶えず多くの人と接触しながら、耳学問で世の中の動きを確かめておられたというわけです。

本田　まさにバンカーの good old days（古き良き時代）ですね。

♣ロンドンの伝統的金融市場の変貌

本田　ロンドン金融市場については、ユーロダラー市場の話が先行する形になりましたが、伝統的金融市場の変貌も興味深い話ですので、ここからはこのテーマを取り上げてみたいと思います。

井上さんはイギリスではマーチャントバンクとクリアリングバンクの両方の経営幹部とのお付き合いがあったわけですが、両者の特徴的な違いについて、もう少しお話を聞かせてください。

井上　クリアリングバンクというのは預金を受け入れる銀行ですから、経営スタンスは顧客密着型で堅実です。経営幹部は常識的、保守的で安心して付き合える人たちです。アメリカの商業銀行では、昔から大学出がたくさんいましたが、イギリスのクリアリングバンクでは、大学出の人は少なく、ほとんどが徒弟制度のもとでのたたき上げでバンカーになった人たちでした。

マーチャントバンクの業務内容は多彩ですが、中心は証券業務です。顧客企業が資本市場で発行する株式をはじめとする証券の引き受けや販売が伝統的な主要業務ですが、企業の合併・買収

（M&A）の仲介・斡旋などのコンサルテーション業務も活発です。こうしたマーチャントバンクの経営幹部は「一匹狼」の集まりと言えます。大学では歴史や哲学を専攻した人が多く、一人ひとりが個性的で商才も豊かな人たちであったと思います。東京銀行と付き合いが深かったSGウォーバーグでは、新規採用にあたってはカリグラフィーの筆跡鑑定が重視されると聞いたことがあります。そうしたことから見ても、個性豊かな人たちの集まりであることが分かります。経営幹部の多くはユダヤ系の人たちです。アメリカのインベストメントバンクの経営幹部も同じように個性的で有能な人が多かったですが、その多くがユダヤ系である点も共通しています。

本田　マーチャントバンクとインベストメントバンクは根っこの部分はつながっていたということでしょうか。

井上　その通りです。「強欲資本主義」と揶揄される金融の世界はアングロサクソン資本主義が牛耳ってきたと言われますが、ジューイッシュ資本主義という側面もあります。後で触れるように、アメリカではインベストメントバンクは商業銀行に吸収されていったので、それに伴ってアメリカの商業銀行にはユダヤ系の人材が入っていきましたが、イギリスの場合は、マーチャントバンクはヨーロッパ大陸の銀行に買収されていき、クリアリングバンクにはユダヤ系の人材は入っていません。

本田　その後、マーチャントバンクもインベストメントバンクも劇的に消滅に向かいますね。

井上　イギリスでは、サッチャー政権下で一九八六年に実施された金融ビッグバンで、それまで存在したもろもろの金融業務の垣根が撤廃され、金融取引が大幅に自由化されたことが金融再編の起爆剤になりました。資本基盤の弱かったマーチャントバンクは、主としてヨーロッパ大陸の大手商業銀行に次々と買収されていきました。ドイツ銀行によるモルガン・グレンフェルの買収、スイス・バンク・コーポレーションによるSGウォーバーグの買収、ドレスナー銀行によるクラインウオート・ベンソンの買収、ソシエテ・ゼネラル銀行によるハンブロスの買収、シティ・グループによるシュローダーの買収と続きました。買収が成功したかどうかは、買収した側の銀行が個性豊かで有能なマーチャントバンカーをどれだけ使いこなせたかということにかかっているわけですが、私の知る限りでは成功した例は少ないようです。

アメリカでは、一九三三年にできたグラススティーガル法のもとで銀行業務と証券業務が分離されてきましたが、一九三五年に商業銀行のＪＰモルガンから離れてモルガン・スタンレーが設立されたのを皮切りに、証券業務に特化したインベストメントバンクと呼ばれる金融機関が生まれ、成長していきました。

しかし、一九七五年に実施された証券手数料の自由化でこの業界は経営が悪化し、それからは従来のパートナーシップの組織形態を株式会社に転換して資本金を大きくした上で、レバレッジをかけて業容を拡大するビジネスモデルに変わっていきました。

二〇〇八年のサブプライムローンに絡んだ大型金融危機でこのカテゴリーの金融機関は壊滅的危機に見舞われ、リーマン・ブラザーズが倒産したほか、いくつかは国内の商業銀行に買収され、生き残ったモルガン・スタンレーとゴールドマン・サックスは銀行持ち株会社に業態変更して、その傘下で証券業務を続けるようになりました。

本田　ヨーロッパ大陸の銀行がマーチャントバンクの買収を続ける動きの中で、東銀では買収計画は出なかったのでしょうか。

井上　議論はあったのですが、当時は「買っても使いこなせない」という冷静な判断が支配的でした。アメリカでは後にプライマリー・ディーラーの買収を検討したことがありますが、これも同じような理由で実現しませんでした。

本田　東京金融市場が国際的に競争力のある市場に育つためには、日本の銀行界にも、マーチャントバンクやインベストメントバンクにいたような個性豊かな人材を育成していくことが必要ではないでしょうか。

井上　人間や社会の個性の違いがあるので、日本がイギリスやアメリカの真似をしてもうまくいかないと思います。銀行業と証券業は基本的に性格が違うところがあり、特に日本では業務規制の自由化が遅れていたことも関係して、商業銀行出身者がインベストメントバンク的行動様式を身につけるのは難しいことでした。

銀行業は基本に預金があり、それをストックとしてどれだけ収益を上げるかが問題です。それに対して、証券業の収益源は取引の出来高（turn over）です。この違いは大きく、日本では商業銀行出身者でインベストメントバンカーとして成功した人は出ていないと思います。野村證券は日本を代表するインベストメントバンクですが、銀行業の分野でどれだけ成功するかは未知数だし、かつて証券業に最も力を入れていた銀行である日本興業銀行も、十分にヨーロッパの銀行に近づけたとは言えません。

本田　最近では、外銀の東京在住役員クラスも増えてきているようですので、そういう人たちに日本人に不足しているところを補ってもらうという考えはどうでしょうか。

井上　日本人自身の才能に限りがあるとすると、外国人を使いこなすことが大切ですが、これまでは十分使いこなせていないと思います。性悪説に立脚した雇用関係を結ぶことができず、相手にすべて任せてしまうのがうまくいかない原因であったと思います。外国人の活用は今後の大きな課題だと思います。

本田　ソニーのＣＥＯのケースもこれまで十分成功していないように見えますし、武田薬品工業のケースも今後が注目されますね。イギリスの話に戻りたいと思いますが、スコットランドでは分離独立を求める動きが注目されています。仕事を通じてお気づきになったイギリスの内部事情についてお聞きしたいと思います。

♣老大国イギリスのゆくえ

井上　イングランド、スコットランド、ウエールズ、それと北アイルランドがイギリス連合王国を形成しているわけですが、それぞれに個性的だと思います。

仕事を通じて感じたことは、スコットランド人は向上心、研究心が旺盛な優れた民族だと思いますが、狭量なところが弱点です。これに対してイングランド人は、おおざっぱで怠惰なところがありますが、我慢強く統治能力があると思います。北海油田が出ていなかったら、スコットランドの運命は変わっていただろうと言われています。北海油田の収益をイギリス中央政府の収入にしたことでスコットランドの不満が高まったというわけです。

一方では、スコットランド（プロテスタント）の工業資本がアイルランド（カソリック）に入り込んだことがいわゆる北アイルランド問題の元凶とも言われています。独立問題が最終的にどう落ち着くかはこの先も予断を許しません。

本田　戦後のイギリスへの日本企業の進出について伺います。アメリカでは日本企業は商社、銀行、メーカーの順に各地に進出していったと思いますが、イギリスではどのような形であったのでしょうか。

井上　ロンドンが古くから金融ビジネスの中心地であったことから、銀行、証券、保険それに海運などの分野では日本からの進出は盛んでした。しかし、製造業では、日産、ソニーなど一部の成功例はありますが、一般的には大きな可能性は乏しいと見られてきました。商社もイギリスだけでは妙味は乏しいと見ていたようです。したがって、アメリカのように活発な日本企業の進出はありませんでした。

本田　戦後長らく続いた「英国病」の影響もあるでしょうか。

井上　その通りです。英国病は第二次世界大戦後に、労働党政権のもとで実施された手厚い社会福祉政策と産業国有化政策が生み出したもので、「低生産性と多発するストライキ」が一九六〇年代から七〇年代を通じてイギリス経済の特徴となりました。労働組合の勢力が増長し、とりわけ、国営炭鉱労働者の横暴が目にあまるようになりました。一九七〇年代初めにヒース保守党政権のもとで労働組合の権利を制限する新しい労使関係法が制定されたのですが、労働組合の反発で改革は頓挫し、七四年には再び労働党政権に代わって英国病は長期化しました。その後、八〇年代になってサッチャー保守党政権が徹底した民営化推進、保護政策の撤廃を進め、市場経済重視型の経済運営に取り組んだことで、ようやく英国病は治癒に向かいました。それと北海油田の発見が、その後のイギリス経済の活性化につながったと思います。

♣サッチャー政権の経済政策とEC加盟

本田　サッチャー政権の民営化政策は大きな成功を収めたと評価できるでしょうか。

井上　サッチャー政権の発足は一九七九年ですが、その前に二代続いた労働党政権、具体的には一九七四年から七六年のウイルソン政権と七六年から七九年のキャラハン政権のもとでも、英国病退治のための改革の努力は始まっていました。しかし政党の性格上、思い切った対策はできかねていました。それに対して、サッチャー保守党政権は一八〇度、経済運営の舵取りを変えたと言えると思います。最大の課題は労働慣行の改革であったわけですが、そのための手段として炭鉱、鉄道、電力、ガス、水道と幅広い分野で民営化を断行しました。金融分野ではいわゆる「金融ビッグバン」を実行し、競争促進的政策運営に徹しました。サッチャー政権の経済改革は大きな成功をもたらしたと評価できると思います。

本田　私は鉄道部門の民営化に関しては、日本の国鉄民営化のような顕著な成果は認められず、改革が不十分であったように思います。

井上　確かに鉄道は難しい分野で、日本の成功は例外的と言えるかもしれません。それにしても、サッチャー民営化政策が一九八〇年代のイギリス経済再活性化の足掛かりを築いたことは間違いないと思います。

本田　話が前後しますが、一九七三年にイギリスはＥＣ（欧州共同体）に加盟しました。それまでＥＦＴＡ（欧州自由貿易連合）の盟主であったイギリスがＥＣに乗り換えた背景はどう説明できるでしょうか。

井上　戦後のイギリスの選択は、ポンドブロックの解体が不可避となって、ヨーロッパの一員として生きていこうということであったわけですが、ＥＣの市場統合が着々と進む中で、規模の小さいＥＦＴＡの枠組みでは心もとなく、ＥＣ加盟を決断したということでしょう。経済界はくまなく賛成でしたが、政界や国内世論には異論もあり、加盟の是非を巡っては活発な議論が展開されていたのを覚えています。それが今でも尾を引いていて、一部でＥＵ離脱がまじめに議論されているのはイギリスらしいところです。

本田　共通通貨ユーロを導入しないのもイギリスらしいところですね。ユーロの話は後でまとめて伺う予定ですが、私はイギリスがユーロを導入しない理由には、かつての基軸通貨ポンドへのこだわりを断ち切れなかったこと、イギリスはアメリカの大株主でドル建て資産が大きいことなどの事情があるかと思っています。

イギリスについての話題が長引きましたが、井上さんは一九七二年から七六年までロンドンで過ごされたわけですので、七〇年代のイギリスの変化は肌で感じ取られたことと思います。そうした変化を金融の面を中心に総括していただきたいと思います。

井上　イギリスに限らず、一九七〇年代は世界経済全体が大きく動いた時期だと思います。まず、一九七一年八月のニクソン・ショックでドルの金交換停止が宣言され、ブレトンウッズ体制が行き詰まりました。次に、七三年の第一次オイルショックで安いオイルの時代が終わり、国際石油資本（メジャー）の勢力が衰え、産油国の時代になりました。七九年には第二次オイルショックが起こりました。七三年にイギリス、デンマーク、アイルランドをメンバーに迎え入れてＥＣが外延的拡大を始めたこと、さらに七九年にはＥＭＳがスタートして通貨統合に向けた動きが具体化したことも注目される動きでした。七二年のニクソン訪中による米中関係正常化への動きは、この時点では政治的意味合いの方が大きいですが、世界経済における中国の台頭の始まりとして注目される出来事でした。日本はオイルショックも乗り越え、力強く成長を続けた一〇年であったと思います。

こうした中で、イギリスは実体経済面では依然として英国病に取りつかれていましたが、金融面では見事に再生に向かいました。ポンドは基軸通貨の座を降りてローカル・カレンシーになり、ポンドを使った国際金融業務は激減しましたが、すでにお話ししたように、ユーロダラーの中心市場としてロンドンは国際金融センターとしての活力を取り戻しました。ロンドンは長年にわたって蓄積された卓越した金融インフラを基盤にユーロダラーで生きていく決断をしたわけです。そうした決断を後押ししたのはイングランド銀行で、イングランド銀行は「シティの守護神」の役割を果たしてきました。一九七一年に通貨単位を一〇進法に切り替えたのも時代の変化に対応するためのよい決断であったと思います。こうした対応にはイギリスという国の「しぶとさ」を感じます。

本田　イングランド銀行は他の先進国中央銀行とは異なる性格を持つように見えます。イギリス財務省との関係はどうでしょうか。

井上　イングランド銀行は、古くから「中央銀行の独立性」という問題からは卒業し、金融政策の決定は政府に任せ、自らは政策の実行者に徹するスタンスをとってきました。為替管理など技術的な領域では、確かな自信と行動の自由を持っており、柔軟で、必要に応じては思い切った政策を実行します。実務的には非常に有能な人材がそろっていると思います。アメリカなど他の中央銀行で時にみられる金融政策をめぐる政府と中央銀行との対立はイギリスではありません。

♣イギリスとアラブ世界

本田　ユーロダラーの主要な資金源となったオイルマネーはイギリスの実体経済にはどのような影響を与えたのでしょうか。

井上　オイルショック後、産油国から多くの資金が、ロンドンを中心にイギリスに投資されました。主な投資先はホテル、レストラン、デパート、オフィスビル、住宅（マンション）などです。こうした投資に共通するのは所有が変わるだけで経営や名前には変化がないことです。経営能力がないからとも言えますが、アラブの資産家の哲学とも言えます。

本田　資金だけでなく、人の流入も増えたのではないでしょうか。産油国の資産家は古くから子弟をロンドンに留学させる習慣があります。

井上　イギリスは旧英連邦諸国からの移民には寛大な政策をとり続けてきましたが、アラブ諸国からの移民にも総じて寛大であったと思います。その結果、増え続ける移民と地域住民との間で雇用機会を巡って摩擦が生じたり、イスラム圏からの移民の一部がテロリストの温床になったりして、大きな社会問題となっているのはよく知られている通りです。これはイギリスに限らず、フランス、ドイツ、スペインなども同じような悩みを抱えていますが、ＥＵの統合が進んで国境がなくなると、人の移動を管理するのがますます困難になります。日本は今のところこうした問題とは無縁ですが、将来もこのままいけるかどうかは難しいところです。

本田　第一次オイルショックから四〇年が経過しましたが、この間におけるイスラム世界の勢力の拡大は誠に顕著でした。中近東には何度か足を運ばれたと思いますが、このトレンドについてはどのように評価されますか。

井上　以前は「アラブ世界は平和愛好民族」という漠然とした印象を持っていましたが、この四〇年の動きを通じて、アラブもペルシャも好戦的なところがあるし、イスラムの教えには妥協を許さない厳しいところがあることを思い知らされました。産油国の影響力を抑制するという意味では、アメリカのシェールオイルの生産が本格的に始まったのはよい流れだと思います。東銀では中近東はロンドンの統括となっていたので、ロンドン在勤中に二度ほど出かけたことがあります。一度は一九七四年に日本イラン国際銀行のタヘリ頭取が亡くなった時で、テヘランに弔問に行きました。もう一度は、同じ年にサウジアラビア通貨庁からまとまったドル資金の預託を受ける話ができ、その交渉のためジェッダに二週間滞在したことがあります。通貨庁総裁室には英米の大手銀行頭取も大勢姿を見せており、オイルショックがもたらした景色の変化を実感する思いでした。

本田 私も一度だけサウジアラビア通貨庁の財務担当役員を訪ねたことがありますが、その執務室のドアから執務デスクまで、一〇メートルほども距離があるのに驚きました。後で聞いた話ではピストルの直撃を避けるためとのことでした。

それはさておき、東銀はベイルートを長らく中近東の拠点としていましたが、一九八〇年に至り拠点をバーレーンに移しました。ご存じの通り、バーレーン支店開設準備ならびに初代支店長は私が内命を受けていました。その前年に日本イラン国際銀行のテヘラン本店に出張を命じられ、その三分の一株主である日本側の権益を保護してもらうべく、イスラム革命政府の管轄下に置かれていたBank Markazi（実質的な中央銀行）との折衝に当たりました。しかし結果は、日本イラン国際銀行は国有化となり、東京銀行はベイルート駐在員事務所の閉鎖に続きイランを含む中近東における拠点を失うことになったわけです。新しい拠点としてバーレーンを選ぶに至った経緯などをお話しください。

井上　ベイルートは中東戦争の影響で閉鎖せざるを得なくなりました。一九七五年にはベイルート駐在員はロンドンに移ってきていました。代替拠点としては、サウジアラビアが理想的でしたが、この国は駐在員を受け入れてくれませんでした。次の候補はアブダビかバーレーンでしたが、バーレーンはこじんまりした国ながら、社会インフラが整っており、当時としては銀行業務を展開する条件を一番満たしていると判断してこちらに決定しました。

バーレーンは、一九七五年にＯＢＵ（Offshore Banking Unit）として制度的にも門戸を開放し、多くの外国銀行が進出してきました。東京銀行はそれまで駐在員を置いていましたが、一九八〇年にはこれを支店に昇格させ、本格的に資金取引や為替取引に取り組みました。法人税、個人所得税、利子課税がなく、為替管理もないため活発なＯＢＵ活動ができるわけです。アブダビ、カタール、オマーン等の政府、中央銀行との取引もできました。一つの役割を果たしたと言えるでしょう。

Column ② アメリカの利子平衡税

◆ ◆ ◆

アメリカの国際収支は、世界経済の復興を反映した貿易収支黒字の縮小、対外民間投資の増大、海外軍事支出や経済援助の増加などから、1950 年代末から赤字基調になっていたが、60 年代になると長期資本の流出が一段と増え赤字幅が大きくなった。当時のアメリカは外国通貨当局の保有するドルについては金への交換を認めていたので、国際収支の赤字はアメリカの保有金の減少につながり、将来的にドルの金交換性維持が困難になることが懸念された。

このため、60 年代初めから、国際協力による、またアメリカ独自のドル防衛策が展開されることになった。前者の代表的なものは、1961 年に形成された金プールで、アメリカとヨーロッパの 7 カ国が金を拠出し、ロンドン金市場に介入して金価格の上昇を抑制しようと試みた。

アメリカ独自のドル防衛策としては、ケネディ大統領が1963 年 7 月に発表した「国際収支特別教書」で利子平衡税の導入を提案した（1964 年 9 月成立）。

その内容は、アメリカで発行される外国証券（株式ならびに債券）の保有に特別税を課して外国のニューヨーク資本市場での資金調達コストを引き上げて、資本流出を抑制しようとしたものである。

当初は一定の国際収支赤字対策としての効果を発揮したが、60 年代後半になるとベトナム戦争の負担も加わって、アメリカの国際収支赤字は慢性化していった。利子平衡税の予期せぬ効果は、ニューヨークでの証券発行の代替としてロンドンでのユーロダラーによる資金調達を図る動きが盛んとなり、ユーロダラー市場の成長が促進されたことであった。

Column ③　ＢＩＳ規制

◆　◆　◆

BIS（Bank for International Settlements　国際決済銀行）は、もともとは第一次世界大戦にかかわるドイツの賠償問題処理のために1930年にスイスのバーゼルに設立された銀行であるが、第二次世界大戦後は世界の中央銀行の国際金融・通貨問題解決のための政策協調機関としての役割を果たすようになった。2015年現在、世界の60の中央銀行がそのメンバーとなっており、理事会を構成する主要国中央銀行の月例会議は国際金融・通貨問題に関する意見交換の場になっている。世界の経済・金融情勢を解説した年報（『BIS年報』）や各種国際金融ビジネスに関する統計も世界的に評価されている。

主要な活動実績としては、1960年代から70年代にかけては英ポンド残高の処理、ユーロカレンシー市場の実態把握などに貢献した。1974年に先進10カ国中央銀行総裁会議で銀行監督のためのバーゼル委員会ができてからは、その事務局として銀行監督に関する国際協力の推進役となり、1988年には国際業務を営む銀行には一定比率以上の自己資本維持を義務づける、いわゆるBIS規制（「バーゼル規制」ともいう）を導入した。

当初の規制ではリスク・ウエートを加味して合計したリスク資産総額に対して８％以上の自己資本を保有すべきものとされた。この場合のリスクはもっぱら信用リスク（資産が回収不能となるリスク）であったが、1996年の改正で市場リスク（保有資産の価格変動のリスク）もリスク資産算定に組み入れられた。2004年にスタートしたBIS規制Ⅱでは、さらにオペレーショナル・リスク（事務処理の誤りやシステム障害、不正行為などで損失を被るリスク）が付け加えられた。2008年の世界的金融危機の後では、流動性比率（資産に占める流動性の高い資産の比率）やレバレッジ比率（負債比率）を付け加えて規制を強化することが検討されている。

第四章

国際投融資ビジネスの拡大と途上国累積債務問題

《一九七〇年代初め～八〇年代末》

この章では、一九七〇年代の二度にわたるオイルショックで発生した世界的な資金偏在を背景に、米日欧の銀行が競いあって展開した国際投融資ビジネスと、その行き過ぎで生じた途上国累積債務問題、その処理を巡る国際交渉、さらにはその教訓としてのカントリーリスク対策などについて話を聞いた。

♣国際投融資ビジネス

本田　この章は一九八〇年代の動きをテーマにしたいと思いますが、その前に七〇年代における東銀の業務展開に関連した話を少し伺いたいと思います。この時期、東銀には二つの新しい部ができました。国際投資部と審査四部です。国際投資部はシンジケートローンなど国際的な資産の積み上げを主要目的とし、審査四部は外系企業与信の管理が主要業務で、具体的には海外支店の与信の統一的管理、資源開発に関連した非日系優良企業へのアプローチなどを担当しました。前者の攻め、後者の守りという基本的な性格の違いもあって、二つの部の間ではしばしば意見の対立があったことを思い出します。一方、この時代は東京金融市場の国際化の動きが始まったころで、円建て外債（サムライボンド）の発行を巡る銀行間の競争も始まりました。こうした新しい動きについての思い出はありますか。

井上　七〇年代後半は極めて多忙な時期であったと思います。ロンドンから帰って与信関連の総元締めの役割を担うことになりましたが、シンジケートローンは盛況で、毎日のように新しい案件が出てきました。富士興産、永大産業などの経営が悪化した企業への与信管理という問題もありました。外貨資金の調達にも苦労があったのを思い出します。大きな流れで見ると、このころは銀行業務の中心が従来の貿易金融から、カントリー向けローンやその他の国際プロジェクト・ローンなどの国際金融に切り替わる時期であったと思います。

毎日のようにシンジケートローンの案件が出てきたのはその表れですが、そうした流れに適応できるよう、頭の切り替え、人材配置の切り替え、市場開拓のための営業活動の戦略の切り替えが大きな経営課題でした。この時期の銀行間の競争の激化は、八〇年代の途上国累積債務問題の前奏曲になったと思います。

本田　七〇年代末に行内の次長クラスの勉強会で、新しい時代の銀行の望ましい資産構成について、「国内資産、カントリー向け与信、海外のプライベート・セクター向け与信を三分の一ずつ保有するのが理想的」と、個人的意見を述べたことがあります。

井上　前章で中近東の活動拠点がバーレーンに変わったいきさつを話しましたが、少し補足したいと思います。

一九八〇年にバーレーン支店ができ、開店披露パーティーに出かけましたが、その少し前にはこの地にオフショア・バンキング・ユニットがスタートしたこともあって、各国からの銀行が進出してきて活気がありました。日本の商社も進出していました。サウジアラビア、カタール、オマーンなど、産油国に近く資金調達の足掛かりとして便利でした。その後、市場での為替取引・資金取引も順調に拡大し、一時期は市場規模でシンガポールを上回るほどになりました。やがて中近東ではアブダビ、ドバイの地位が向上していきますが、当時は、バーレーンは重要な拠点でした。

♣途上国累積債務問題とその処理

本田　一九八〇年代に入って、世界経済が直面した大きな問題は「途上国累積債務問題」でした。これはユーロ市場を通じたオイルマネー・リサイクリングの行き過ぎが生み出した問題ですが、発端は一九八二年夏のメキシコの債務返済の行き詰まりでした。この出来事をどのように受け止めていらっしゃいましたか。

七〇年代末にはシティバンクのウォルター・リストン会長の「国家は破産しない」という発言が話題になっていましたが、当時、この発言をどのようにお聞きになりましたか。

井上　当時、発展途上国向け融資では、シティバンクを筆頭にチェイス、モルガン、ケミカル、マニュトラなどのアメリカのマネーセンターバンクが圧倒的に大きなシェアを持っていましたが、日本の銀行は二番目に積極的で、大きなプレーヤーになっていました。三番手がヨーロッパの銀行でした。

日本の銀行の場合、海外債権について貸倒準備金の面で財務的に備えができていないという特殊な事情もありました。欧米、とりわけヨーロッパ諸国では貸倒れ損失に関する税制面の取扱いが柔軟で、有税償却はもとより一定限度内で無税償却もできる仕組みになっていましたが、それに比べて日本の銀行は大きなハンディを背負っていました。こうした状況で、八〇年代初めは、日本の銀行は引き続き収益率のいいシンジケートローンには前向きに取り組んでいたので、メキシコ債務危機の発生は大きなショックでした。貸倒引当金の積み立てができないので、対応しようにも身動きができない状態でした。

本田　アメリカの銀行の場合、七〇年代末ごろには国別与信限度、いわゆるカントリー・リミットを設けていたと聞いていましたが、日本の銀行はそうした対応は遅れていたのでしょうか。

井上　日本の銀行もそうした対応はしていましたが、かなり大雑把であったことは否めないと思います。

本田　アルゼンチン、ブラジルなども債務返済が行き詰まって、問題解決は長期化する見通しとなり、先進国政府、ＩＭＦ・世銀などの国際機関、民間銀行団、それに債務国政府の四者の協議で対応が図られることになりました。関係者の多い複雑な枠組みで問題解決には一〇年がかかっています。協議の進展をどのようにご覧になっていましたか。

また、八五年の「ベーカー・プラン」、八九年の「ブレイディ新債務戦略」などで問題解決に導いたのはアメリカ政府のリーダーシップであったように思われますが、ＩＭＦの果たした役割はどのように評価されますか。

さらに、長い交渉過程で銀行団の結束を維持するのは大変ではなかったでしょうか。先進国では大手銀行だけでなく、中堅クラスの銀行も多数ユーロビジネスに参加していました。銀行によっては損失償却力に劣るところもあったと思われます。

井上　私は、問題解決の道筋づくりにおいて、早くから進められていたシティバンクを中心とするアメリカの主要銀行の果たした役割を高く評価します。全世界規模の、そして地域ごとに作られたバンク・アドバイザリー・コミッティをリードしてコンセンサスづくりに貢献しました。それをアメリカ政府が後押しして、アメリカ案が四者協議をリードすることになりました。

日本はアメリカ案をフォローし、サポートしましたが、ヨーロッパは米日の動きについてきただけという印象でした。日本の銀行では東京銀行の果たした役割は大きかったと思います。バンク・アドバイザリー・コミッティでは日本の銀行を代表してアメリカの銀行との意見調整を行い、結果を日本の銀行に説明する役割を地道に果たしました。

交渉の節目では、債務国がＩＭＦの条件付き融資を受け入れることが条件となったので、いわゆるコンディショナリティ（債務国が実行すべき経済立て直し策）の設定によってＩＭＦが一定の役割を果たしたことは否定できないですが、全体として問題解決にどの程度貢献したかは不明です。私の印象では、同じ国際機関でも債務国の構造改革を支援する世銀の貢献の方が大きかったように思います。

銀行団の結束を維持する問題については、アメリカの場合は中小のリージョナルバンクも多数参加していたので、単独行動に走る銀行もあって苦労が多かったようです。日本の場合は大手銀行中心でしたので、まとまりはよかったですが、それでも個々の局面では足並みをそろえるのにはずいぶん手間がかかりました。ヨーロッパも総じて大手銀行中心であったようです。

本田　債務問題の交渉過程で、日本の通貨当局は民間銀行に対してどのようなスタンスであったのでしょうか。

井上　日本の銀行にとって、最大の問題は貸倒準備金の積み立てができないことでした。これに関しては、当初は大蔵省主税局が厳しいスタンスを変えず苦労がありましたが、国際金融局や銀行局の理解は得られ、やがて一九八三年に「特定海外債権引当勘定」制度ができて状況が改善しました。当初は五％レベルからスタートして、最終的には三五％まで、有税で準備金を積み立てることが認められるようになりました。日本の通貨当局は、銀行界が直面した難局打開に協力的であったと思います。貸倒引当金の制度ができても引当金を積み上げることは大変な負担で、保有株式の売却益を充当したりしてやり繰りしたのですが、八〇年代後半になると、急速に円高が進行することになり、やり繰りが楽になりました。円高になると、ドル建ての準備金積み立て対象債権の円評価額が減るからです。

本田　最終局面では、国際世論に押される形で民間銀行は債務削減を受け入れざるを得なくなりましたが、やむを得ないことであったのでしょうか。その段階では、債務削減が銀行の経営に与えるインパクトはさほど大きなものではなくなっていたのでしょうか。

井上　東銀の場合、債務削減による損失は「特定海外債権引当勘定」で償却してお釣りが出る程度でしたので、全体としての損失はさほど大きなものではありませんでした。長期間にわたり準備金の積み立てに大変な苦労をしたことは事実ですが、先ほど述べたように、八〇年代後半以降の円高に救われました。

本田　銀行の貸し過ぎに原因があったのか、中南米諸国を中心とする途上国の借り過ぎに原因があったのか、いろいろと議論されてきましたが、「途上国累積債務問題」の本質をどのように解釈されますか。また、国際金融業務を行う銀行がこの問題から得た教訓はどんなことでしょうか。

井上　増大するオイルマネーのリサイクリングで、非産油諸国の外貨資金繰りを支援できたことは国際経済に役立つ立派なオペレーションでした。しかし、一九八〇年代に入ったところでアメリカがインフレ抑制のために強力な金融引き締め政策を実施し、ドルの金利が急上昇してメキシコなど途上国の外貨資金繰りを苦しくしたという事情はありましたが、基本的には、六～七年間に石油価格が数倍に上昇して生まれた過剰流動性の中で、銀行の貸し込み競争が問題を引き起こしたことは否定できないと思います。七〇年代に途上国向けシンジケートローンが盛況を極めるなか、多くの銀行が競争心理に煽られて業容拡大につき進みました。まさに「人間の愚かしさ」を思い知らされるようなバブルでした。

教訓という意味では東京銀行はリスク管理に慎重になりました。八〇年代後半から九〇年代初めにかけて生じた日本国内でのバブルの発生、崩壊の流れの中で、東銀はほとんど傷を負わなかったのはその表れです。累積債務問題は東銀にとって重大な危機でしたが、発展途上国向け融資それ自体は外国為替専門銀行の本業である国際金融活動そのものでしたし、終始自力で難関を克服できたことは大きな自信にもなりました。

なお、ここで忘れることができないのは、東銀を代表して国別のバンク・アドバイザリー・コミッティの幹部として大活躍された諸氏の功績です。債務者との交渉に始まり、コミッティ・メンバーの各行や邦銀債権者各行との難しい交渉をやり遂げ、東銀の内外における評価を高めることができました。

本田　累積債務問題の最終処理の局面で、東銀をはじめ日本の銀行は円高と償却制度の整備に助けられたという事実はあまり認識していませんでした。

井上　プラザ合意以降の急速な円高の進展が負担を大きく軽減したことは明らかです。償却については、途上国債務問題が浮上した時点では日本には海外債権に関する貸倒引当金の制度は存在しなかったのですが、一九八三年に「特定海外債権引当勘定」制度が整って対応できるようになりました。前にも触れたように、もともと償却制度に関しては国別の違いが大きく、銀行の国際競争力格差を作っていました。ドイツ、フランス、ベルギーなどヨーロッパ諸国では、税制が寛大で無税で大きな額の積み立てが可能でした。アメリカはヨーロッパ諸国ほど自由ではないが、日本よりは恵まれた立場でした。一九八〇年代後半になると、世界的に銀行が対途上国債権に貸倒引当金を積む動きが盛んとなり、八七年五月にシティバンクが三〇億ドルという巨額の引当金積み立てを発表し、他の米銀もこれに追随する動きになった時には大いに驚き苦労しました。日本でも、時間はかかりましたが、最終的に三五％までの有税償却ができるようになったので何とか対応できました。

♣カントリーリスク対策再考

本田　アメリカの銀行のダイナミズムですね。経済全体がうまく機能するためには、そうした銀行のダイナミズムは必要なことと言えるのではないでしょうか。

ここからは、銀行のカントリーリスクについて少し掘り下げて考えてみたいと思います。企業与信については、銀行の自立的節度や監督当局のアドバイスなどから、古くから一企業あたりの与信限度が存在していましたが、カントリーリスクについては新しい分野でもあり、また「国は倒産しない」というリストン流の考え方もあって、与信限度という規律は曖昧になっていたのではないでしょうか。

井上　曖昧であったと思います。銀行はもともと国への与信を大きく増やすことは考えていなかったので、観念的に与信限度があったとしても、現実的には限度を設ける必要性を感じていなかったと言えると思います。

本田　東京銀行では、支店や現地法人等の拠点が存在する国には物的・人的投資が先行していましたが、カントリー向け与信はエクスポージャーの上乗せとして考えていたのでしょうか。

事務レベルでは、八〇年代初めごろにカントリー・エクスポージャーの算定方法を巡っていろいろと議論を戦わせていた記憶があります。リスク要因をパーセントで表示して足し合わせる方法や、決定的に重要な要素は掛け算で強調する方法などが議論されていました。経営レベルでは、どのような議論が行われたのでしょうか。

井上　東京銀行では、古くから「各地域、国別に専門化した知識・情報を蓄積しないと正しい経営判断はできない」という考え方ができており、それぞれ地域部を設けて対応していました。途上国債務問題が表面化する前に、そうした地域部の権限、知識がどれだけ経営に生かされていたかという点については反省すべきところがあると思います。個々の国、地域のリスクについての絶対評価はできても、相対評価の考え方は育っていなかったように思います。国と国の比較をする基準ができていなかった。経営レベルでカントリー・エクスポージャーの算定方法を巡って議論した記憶はありません。

本田　個々の案件のリスク評価を巡って、経営レベルで考え方の違いや相克は生じなかったのでしょうか。

井上　個々の案件についての意見の対立はもちろんありました。七〇年代を通じてユーロダラー市場を通じたオイルマネーのリサイクリングが進展する過程では、次々と案件が出てきて、時間切れに追われて決定を下すという状況になっていました。与信限度ということでは、ほとんどゼロからの出発の国が多かったので、前向きに対応することが多かったということも言えます。

本田　企業与信の場合には、比較的規模の小さい取引でも焦げ付きが出ると担当者は大罰点を付けられました。それに対して、カントリー与信は仮に償却の必要が生じても、責任の取り方が曖昧で、企業与信関係者はフェアでないという気持ちを持っていました。

井上　私も、カントリー与信担当部以外の部署の人たちが、十分なリスク評価をしないで大きな与信を決めているのでないかという素朴な疑問、あるいは批判を口にしていることは承知していました。日本の銀行だけでなく、シティバンク、モルガン、マニュトラなどアメリカの銀行でも同じような状況にあったと思います。

途上国累積債務問題についてはいろいろな総括が行われてきましたが、ユーロダラー市場を通じたオイルマネーの還流が、石油ショックで生じた世界的な資金の偏在という大問題を解決し、世界経済を前に展開させた功績は評価されるべきだと思います。一方で、猛スピードでビジネスが展開されたため、本来あるべき冷静なリスク評価がなおざりになったことは否めないと思います。

本田　第二次オイルショック後のカントリー与信に関連した不良債権処理に追われた東京銀行

は、八〇年代から九〇年代初めにかけての不動産関連を中心とする国内の貸し出し競争には乗る余裕がなく、結果的に九一年以降の国内バブルの崩壊では損失は軽微ですんだわけですね。

井上　業界との付き合い程度の取引はありましたが、それ以上にはやらなかったので、不動産バブル崩壊の影響は軽微でした。累積債務問題の教訓を生かして、国内だけでなく、海外での取引についても、他行には見られない節度が維持されていたように思います。

例えば、八〇年代には、米州総支配人室では、管轄拠点に対して「一〇〇〇万ドルを超える与信は原則として不可」という指導が行われていたのを思い出します。

東京銀行は途上国累積債務問題で辛酸をなめたことは事実ですが、これを自力で解決できたことで自信がつき、九〇年代の良好な業務展開につながりました。

♣アメリカビジネスのリスク

本田　一般的なカントリーリスク・リミットの話からは少し外れるかと思いますが、アメリカとの取引について考えてみたいと思います。東京銀行の最大の海外エクスポージャーは古くからアメリカ合衆国であったわけですが、そのマクロ経済動向や金融政策が東銀の屋台骨を揺るがすこともありました。

例えば、一九七〇年代末から八〇年代初めにかけて、アメリカでインフレが進行し、七九年八月に連邦準備理事会議長に就任したポール・ボルカーが強力な金融引き締め政策を実施した時の影響は甚大でした。金利が急上昇して固定金利の金融資産の価格が暴落して銀行経営にも大きな打撃となりました。あのころの経験から考えても、カントリーリスク・フリーのアメリカと言えども、一国への資産の集中はそれ自体が私企業としての銀行にとってはやはり一種のリスクと認識されるべきではないでしょうか。そうしたリスク対策が議論されたことはありましたか。

井上　率直なところ、降りかかる火の粉を振り払うのが精いっぱいであったと思います。長短のミスマッチ、つまり資金調達と運用の期間構成のずれから生まれる金利リスクについては、いわゆるＡＬＭ（資産負債管理）委員会で慎重に管理するといった対応は進みましたが、それ以上にアメリカ向けエクスポージャーについて制度的なリスク管理が議論されたことはないと思います。実際問題として、アメリカに関してはカントリー・リミットなしでやってきたわけですが、アメリカでの資産運用のリスクはドル建て資産運用のリスクと表裏一体のところがあり、国際金融に特化した銀行としては与えられた運命として割り切らざるを得ないところがあります。

本田　アメリカでのもう一つの大きな問題は、アメリカの州際業務規制との絡みでホーム・ステートをどこに置くかという問題でした。一九九四年のリーグル・ニール法の成立で州際業務規制は全面的に自由化されましたが、一九二七年のマクファーデン法に基づき、アメリカでは各州が他州からの銀行進出を制限することが認められていたので、どの州に営業拠点を置くかは歴史的に大きな経営問題でした。

東京銀行内部の判断は、ニューヨーク支持グループとカリフォルニア支持グループに二分されていましたが、井上さんはこの問題をどのように考えておられましたか。

井上　私はニューヨークにも長くいましたが、必ずしもニューヨークがホーム・ステートとして望ましいとは考えていませんでした。私の理解では、カリフォルニアを支持する意見が優勢であったと思いますが、その根拠としてあげられていたのは、①太平洋の沿岸に位置すること、②後年州際業務規制を先頭切って自由化したことに表れているように、万事先進的気風のある州で、またゴールド・ラッシュの歴史から始まっていろいろ新しい動きが出てくる土地柄であること、③日系社会が存在すること、④一州で世界の先進国に並ぶ経済力を有していること、などの事情でした。

本田　もう一つの強みは、アメリカ国内でドル預金を集めることができるということです。ニューヨークでは市場性資金を大量に調達することができますが、こうした資金は安定性に欠けます。

井上　その後の実際の展開を見ても、東京銀行はカリフォルニア州での業務展開に力を注ぎ、加州東京銀行の経験を踏まえて一九八八年には地場大手のユニオンバンクを買収しました。二〇一四年七月に三菱東京ＵＦＪ銀行はアメリカ・ビジネスをユニオンバンクと統合し、MUFG

Union Bank と名称変更しました。新銀行では、本部はニューヨーク、ヘッドオフィスはサンフランシスコとなっています。カリフォルニア州との結びつきは一段と強固なものになったと言えます。他の邦銀もそれぞれにカリフォルニア州には力を入れてきました。

Column ④ ブレイディ提案

◆　◆　◆

1982年8月のメキシコの債務危機はアルゼンチン、ブラジルなどに波及し、多くの発展途上国が対外債務の返済に困難をきたすことになった。IMF を中心とする国際機関、先進国政府・中央銀行、民間銀行グループ、借入国政府・中央銀行の四者による協議を通じて問題解決への取り組みが始まったが、事態打開には時間がかかり、80年代後半になると「債務疲労」(debt fatigue) という言葉が世界的にささやかれるようになった。債務国が債務返済に疲れたのみならず、銀行も国際機関も先進国政府も長引く債務交渉で疲れてきたわけである。そのため、国際世論として、「問題解決のためには部分的な債務免除が不可欠」という主張が強まってきた。

こうした流れを背景に、1989年3月、ニコラス・ブレイディ米財務長官は債務削減・利払い軽減を選択肢に含む新たな提案を行い、この提案は同年4月の IMF 暫定委員会で合意されて「新債務戦略」となった。新債務戦略による債務削減交渉は、89年にメキシコ、フィリピン、コスタリカとの間で合意に達し、90年代に入って他の債務国とも交渉が進んだ。

新債務戦略の典型例となったメキシコのケースでは、メキシコが IMF との間で経済安定化プランに合意することを条件に、銀行は、①既存の債権を15年物メキシコ割引債と100対65の比率で交換する、②既存の債権を6.25%の軽減税率で発行される通常債と1対1で交換する、③救済措置によるメキシコ債務の質の向上に見合う形で新規融資を行う、という選択肢から対応策を選ぶものとされた。

新債務戦略の実行で、国際金融市場の債務国に対する極端な警戒心は徐々に薄れ、1990年代に入るとラテン・アメリカ諸国にも直接投資や証券投資の形で再び少しずつ外国資本が流入するようになって、途上国累積債務問題は解決に向かった。

Column ⑤　アメリカの州際業務規制

◆　◆　◆

州単位の行政組織がまとまって誕生した連邦国家アメリカでは、歴史的に、州当局の免許で設立される銀行（州法銀行）が古く、連邦当局の免許で設立される銀行（国法銀行）が登場したのは 1863 年に国法銀行法が成立してからである。

このようないきさつもあって、長らく銀行業務にはそれぞれの州当局の権限が強く残り、州をまたいだ営業展開は原則として認められていなかった。州際業務に関する 1927 年の連邦法（マクファーデン法）は「州際業務規制は各州の判断にゆだねる」ことを確認したものであった。戦後も全国的にこうした規制が続いていたので、外国からアメリカに進出する銀行にとってはどの州に拠点を置くかは重大な関心事であった。これがいわゆる「ホーム・ステート問題」である。

しかしながら、1970 年代後半ごろから、銀行の顧客である企業の活動範囲の広がりにフォローする必要が生じ、またより自由な銀行活動でアメリカ産業の国際競争力強化を支援する必要も意識されるようになって、州際業務規制を見直す動きが進展し始めた。

1980 年代になると、業界ぐるみの経営危機に陥ったＳ＆Ｌ（貯蓄貸付組合）の整理合併のためにも州際業務規制を緩和する必要が生じた。

その結果、1990 年代初めには、ほとんどの州が何らかの形で州外からの銀行進出を許容するようになっていた。こうした流れを受けて、1994 年には州際業務規制の自由化を促す連邦法（リーグル・ニール法）が成立し、事実上この規制はなくなった。

第五章
日本経済の成長と円の地位の向上

《一九八〇年代～九〇年代初め》

この章では、まず、長期にわたる円高の動きの起点になった一九八五年のプラザ合意の背景や、その後の経緯を振り返って論評してもらった。

後段では、一九八三年に始まった日米円ドル委員会以後の円の国際化の動きに焦点を当て、金融自由化・国際化から「金融ビッグバン」に至る流れを概観する。

♣プラザ合意と円高の始まり——衆議院予算委員会公聴会での公述

本田　この章では、一九八五年九月のプラザ合意前後の日本の国際金融問題に焦点を当てたいと思います。一九八〇年代前半の行き過ぎたドル高の是正を目指した先進五カ国のプラザ合意は、その後の長期にわたる円高の動きの出発点となりましたが、大幅な円高の流れが止まらず、翌年にかけて日本経済の先行きに懸念が深まっていました。

一九八六年二月一五日に開かれた衆議院予算委員会の公聴会に公述人の一人として参加された井上實頭取（当時）は、一九八六年度一般会計予算に関する意見公述に絡んで、内外経済情勢、円高の影響と対策、ドル相場の先行き見通し、当時の為替相場システムの問題点などにつき興味深い意見を述べられています。

そこで、以下では、当日の委員会記録から、井上発言を為替相場の問題に重点を置いて要約して引用し、今日の視点で再検討を加えてみたいと思います。

まず冒頭「わが国のおかれた国際環境」として次の四点を指摘されています。

①日本経済の世界経済に占めるシェアが著しく上昇した（約一二%）今日においては、為相場の問題は、常に世界経済全体との関連で幅広く理解し、対応することが必要になっている。

②五〇〇億ドル（一〇兆円）に上る日本の対米貿易収支黒字はアメリカの貿易赤字の三分の一を占めており、日米間の不均衡是正が避けられない課題になっている。

③累積債務を抱え調整政策を続けている発展途上国の動向も気がかりな問題の一つである。これらの国の政治的、経済的安定が失われないよう、一九八四年一〇月のＩＭＦ・世銀総会で、ベーカー米財務長官より債務国の成長をささえ支払い能力を高めるための協調（新規資金の供給）が提案されたが、これらの国の窮状打開にはわが国もアメリカに次いで大きな責任を負い、果たすべき役割がある。

④最近の石油価格の急落も注意深く見守る必要がある。背景にはＯＰＥＣ諸国による世界石油市場におけるシェア奪回の狙いがあり、大幅な下落となる可能性がある。わが国との関係では石油輸入額が減り経常収支黒字がますます大きくなる可能性がある。

以上の導入部の陳述の最初に指摘されている円の地位の向上については、今のお考えはいかがでしょうか。世界経済に占める日本経済のシェアはその後低下して、今では八％を切って七％台になっています。

井上　円がドル、ユーロに次ぐ三番目の主要な国際通貨であるという構図は変わっていないと思います。一九九九年に誕生したユーロは第二の基軸通貨としての成長が期待されていましたが、予想に反して伸びは鈍く、ドルとの間にはまだ大きな開きがあります。日本経済の世界経済に占めるシェアは下がりましたが、世界の為替市場での取引状況をみていても、円が三番目の国際通貨として取り扱われているのは間違いないと思います。世界経済におけるシェアを伸ばしてきたのは中国ですが、人民元は依然として政府により管理された通貨であり、世界の為替市場で国際通貨として機能しているとは言えません。経常取引の決済通貨としての使用は拡大していますが、資本取引に自由に使える通貨にはなっていません。

本田　人民元の国際通貨としての成長度合いは、日本が一九六四年にＩＭＦ八条国に移行した当時の円に近い段階と言えるでしょうか。現状では、中国はドル経済圏に属していると言えると思います。中国政府が今後、人民元の国際化をどう進めていくか注目されるところです。

♣プラザ合意の効果

本田　公述は本論に入ってプラザ合意に関する所見が述べられます。ドル高是正がアメリカの経常収支赤字の是正に結びつくかどうかという基本的テーマについては次のように述べられています。

「ドル高是正が進んだことで日米間の経常収支不均衡は徐々に改善に向かうと見られます。

しかし、いくつかの理由から短期間に目覚ましい改善を期待することは難しいと思います。第一に、為替相場の変化が経常収支不均衡に効いてくるのには時間がかかり、一時的にはむしろ不均衡を拡大させるという技術的問題もあります（Ｊカーブ効果）。第二に、不均衡是正のためには両国の産業構造が調整される必要があり、そのためには三〜五年の時間がかかるということです。このことを無視して、あまりに急激な相場の変動を許すと、日本にとっては輸出の減少から景気悪化が避けられないのみならず、それが原料輸入の減少に連鎖して世界経済にもマイナスに作用する恐れがあります。アメリカにとっても急激なドル安はインフレ再燃につながる恐れがあります。

いずれにしても、為替相場の調整だけで日米間の経常収支不均衡を解決するのはもともと無理な話であり、五カ国蔵相会議の合意に沿って、あるいは日米間の個別協議に従いそれぞれの役割を果たしていくことが大切であると考えます。わが国の課題は、市場開放の促進と内需の拡大です。市場アクセスの改善については政府の努力にもかかわらず、なお外国企業の不満は残っています。内需を拡大し、輸出主導型から内需主導型に日本経済の成長パターンを変えていくことは世界第二の経済大国の課題だと思います。金融政策面でも、世界経済の落ち込みを防ぐため、また発展途上国の利払い負担を軽減するためにも主要国が協調して金利引き下げに努めることが必要と思います。」

以上に続いて、円高が日本経済に与える影響については次のように述べられています。

「一般論としては、円高は輸出数量の伸びを鈍化させ、輸出関連企業の設備投資も鈍化させますから景気は悪くなります。一方で円高は輸入物価を引き下げ、ひいては物価上昇率を押し下げますから、家計の実質所得や企業の収益が上向きまして、究極的には個人消費や設備投資も増えることになります。差し引きどちらの効果が大きいかは円高の進み具合や内外景気の状況などで違ってきますが、今回の円高ではデフレ効果が勝っていると思います。一九八〇年代前半の円安基調が数年続いた後での急激な円高ですので、個々の業界や企業レベルでは非常に深刻な打撃を受けているわけです。したがって、一定の期限を区切って、政策的に円高への対応を多少なりとも容易ならしめるような支援措置が実施されるべきだと考えます。長い目でみると、円高は物価安定につながり、円の値打ちが国際的に高まるので、より安く外国製品やサービスを入手できるようになり、外国旅行もしやすくなります。日本経済全体で考えますと、円高克服の企業努力を通じて付加価値の高い製品分野への転換を進めることができれば、わが国の産業構造は一段と高度化することになりましょう。」

♣円高と日本経済

本田　以上、理路整然と正論を述べられていると思います。その後の動きをたどってみますと、長期にわたる円高は相当規模で日本企業の生産拠点の海外移転を促し、日本の産業構造が変化して経常収支黒字を縮小させる効果が働いたと思います。八〇年代後半は、いわゆる日米貿易摩擦は収まらず、個別分野に的を絞った「日米構造協議」が続けられたりしましたが、九〇年代に入ると、次第に緊張が和らいでいきました。自動車を中心に日本のメーカーの在米生産体制の構築が進んだことの効果が大きいと思います。

しかし、当面の課題とされた内需主導型経済への政策転換に関しては、八〇年代末から九〇年代にかけて株式・不動産バブルの発生・崩壊という予期せぬ事態に発展し、その調整のため長期にわたって日本経済は低迷することになりました。この時期の日本政府ならびに民間企業の振舞いについてはどのような感想をお持ちですか。

井上　一九八〇年代の日本経済は、人の一生にたとえれば青年期で、まことに活力旺盛でした。膨張一途の時代で輸出が伸び経常収支黒字が大きくなっていきました。それが大幅円高となって産業界は苦労することになったわけですが、八〇年代はそれを乗り越えていく力があったと思います。

内需主導型経済への転換という課題への取り組みは、プラザ合意以降、国内景気対策の必要もあって、思い切った金融緩和政策として実行されることになりました。わが国の公定歩合は一九八六年の四月に四％から三・五％に、一一月には三％に、翌年二月にはさらに二・五％に引き下げられ、そのまま一九八九年五月までこの低金利が維持されました。この長すぎた金融緩和政策のもとで銀行の貸し出し競争が起こり、産業界にも本業を外れたキャピタル・ゲイン狙いの投資が急増する動きとなってバブルにつながりました。

本田　経営の立場では、バブルの発生は感知されていなかったでしょうか。

井上　八〇年代末にかけてかつてない好景気は実感されていたし、土地や自動車の価格が値上がりしてきたことも気にはなっていましたが、物価が安定していたので、バブルは感知できませんでした。日本に限らずアメリカなどでもそうですが、資産価格は物価統計に入っていないので、資産バブルの発生を感知するのは難しいこととされています。日本では、一九七二年以降の列島改造ブームのころに不動産価格の上昇を経験したことはありましたが、本格的な資産バブルはこの時が初めてでした。

本田　円高の功罪は今でも頻繁に議論されるテーマですが、円高は交易条件の改善につながり国益にかなうという意見がこのころでは有力であったと思います。アメリカは、八〇年代はおしなべてマクロ経済のパフォーマンスが悪かったですが、とりわけ前半は、進行したインフレを抑えこむため高金利政策をとらざるを得なくなり、その結果としてのドル高で貿易収支が極端に悪化しました。そのため後半になってプラザ合意によるドル高是正を呼び掛けたわけですが、為替調整の主たる対象は日本円であったのでしょうか。

井上　G5の枠組みでの合意でしたが、ドル円相場の調整が中心テーマであったのは間違いないと思います。西ドイツは、政策協調では伝統的に腰が重く、マルクの対ドル相場が話題になることは少なかった印象を持ちます。

♣変動相場制の問題点と対策

本田　公述はその後、質疑応答に進み、委員の一人からドル大暴落の懸念につき質問がありました。プラザ合意の時点でのドル円相場は二四〇円、そこから持続的に円高が進行して一九八八年一一月には一二〇円まで到達しました。公聴会の時点ではプラザ合意のレベルから六〇円ほど円高が進んだ状況でしたが、あの時点で多くの人がドル暴落を心配したのはもっともなことだとは思います。井上さんは次のように回答されています。

「ドルは急落してはいますが暴落ではないと思います。暴落というのは、アメリカに入っていた外国資本が大規模に国外流出するとか、アメリカの居住者の資金が海外逃避するとかドルへの信認が失われる事態ですが、アメリカのインフレは進んでいないしグラム・ラドマン法にみられるように財政赤字削減への取り組みもあってアメリカ経済のファンダメンタルズが今以上に悪化することはないと思われます。ドル高是正はG５の政策協調で始まったことですので、必要があればドルを支える協調介入もありうると思われます。日本の金融・資本市場の規模はアメリカの四分の一程度で、ドルからの逃避資金が円に流れ込むといっても十分な場所がありません。マルクについても同様です。日本は過剰貯蓄を投資する先が必要ですが、アメリカから振り変えようにも適当な投資先がありません。そういう意味でも暴落はありえません。」

本田　これもまた胸のすくような的確な答弁であったと思います。これまでも何らかの機会に気楽にドル暴落説を唱えるエコノミストや評論家がいましたが、「ドル以外に適当な投資通貨がない」という視点は金融・為替市場を熟知した人たちが共有する判断基準だと思います。

当時、レーガン大統領が国際通貨システムの問題点を検討するための国際会議の開催を提唱していたこともあって、変動相場制の現状をどのように認識しているかという質問も提起され、これには概略次のように回答されています。

「為替相場システムは大まかに四つの範疇に分類できます。一番左の極に固定相場制、反対の極に完全フロート（変動相場制）、その間にターゲットゾーン（目標相場圏）システムと管理フロートが入ります。少し簡略化して言いますと、世界は一九七一年までの固定相場制から、短い過渡期間を経て、七三年には完全フロートにまで移行しました。変動相場制の利点は国際収支の自動調整が働くということで、確かに時間をかければそうした機能は実現すると思いますが、その過程でいろいろな問題が生じてくることが経験を通じて明らかになっています。第一に短期的に為替相場の乱高下が激しいこと、第二に時として為替相場がファンダメンタルズに沿った水準から大幅にかい離していく、いわゆるオーバーシューティングという問題、第三に国際収支調整機能の実現にはあまりに長い時間がかかること、などです。

世界経済は一九七三年と七九年に二度のオイルショックに見舞われましたが、この時固定相場制が続いていたら各国は耐え難いほどに国内均衡の犠牲を余儀なくされたと思われます。その意味では七三年に柔構造の変動相場制に移行していたのは成功であったといえます。プラザ合意以前の行き過ぎたドル高も、アメリカの財政赤字の拡大とそれと結びついたドルの高金利が原因であり、変動相場制のせいにするのは適切ではないかもしれません。とはいえ今の変動相場制には前に指摘したような問題点が多いのは明らかです。

改革案の一つとして提唱されているターゲットゾーン（目標相場圏）構想というのは考え方としては魅力的ですが、実現の可能性について言えば難しい点もあります。まず目標となる相場圏を何を基準に設定するかという技術的な問題があります。目標相場圏が合意できたとしても、その水準を維持するためには何らかの形で資本の移動をコントロールすることが必要になると思われますが、折角実現した自由な資本移動を犠牲にするのがよいのかどうか難しい選択を迫られます。

管理フロートというのは、もう少し柔軟に為替相場の現状について関係国間で大まかに確認しあった上で、日頃の政策協調や必要な場合の市場介入で、相場の乱高下や一方向への行き過ぎを排除していこうというものです。こうしたアプローチで現在の為替相場システムを再検討することは有意義なことだと思います。」

本田　その後の主要国の為替相場システムへの取り組みをフォローしてみますと、一九八七年二月のルーブル合意で「ドル高是正」の目的は達成できたと宣言されたのち、主要国間の政策協調で為替の安定を図っていこうという方針が確認され、八〇年代末にかけて為替相場安定のための政策協調は年に何度か開催されるG７の会合の主要議題の一つになりました。このころには変動相場制は管理フロートの時代に移ったという言い方も聞かれましたが、現実には政策協調は順調には進みませんでした。

その後は九〇年代が進むにつれて、為替相場を管理するという考え方は次第に薄れ、主要国の通貨間では完全フロートに近い状態が定着していきました。一九七三年に変動相場制が一般化してからすでに四〇年以上の年月が流れましたが、もはや変動相場制しか選択肢はなくなったということでしょうか。長年、国際金融の現場で経験を積まれた井上さんは、今では為替相場システムについてどのような見方をされているか、お聞きしたいと思います。

井上　為替相場というのはフローもストックも合わせた経済の実態を映し出す尺度のようなものだと思いますが、一九七三年に変動相場制になってからは変動が激しく、経済人にとってはそれへの対応は苦労の種になっています。しかしながら、国際間の資本取引の自由化が実現し、また各国の金融政策の自由が尊重される状況のもとでは、再び固定相場制に戻ることは難しく、基本的に変動相場制以外に選択肢はなくなっていると思います。残された課題は変動相場制の弊害をいかにミニマイズするかに尽きると思います。その方法はいろいろ議論されてきたし、国際的な政策協調のテーマにもなってきたわけですが、なかなか持続性のある対策はみつかっていないのが実情です。

私見では、主要国の物価、金利、財政、国際収支などの基礎的経済指標を比較検討し、向こう一年ぐらいのあるべき相場水準について協議する体制を整えることが引き続き重要であると思います。その際、ＩＭＦ（国際通貨基金）が各国の意見、利害の調整役としての役割を果たせるよう、その調整機能を強化し、中立的な国際機関が望ましい相場水準のビジョンを示す形にするのがよいと思います。こうした方法でどれだけ効果があるかは分かりませんが、対策としてはこういう方法しかないように思います。

本田　一九九四年のブレトンウッズ協定五〇周年を記念して米・欧・日の国際金融のエキスパートで構成されたブレトンウッズ委員会（日本側委員長は柏木雄介東銀会長）が、一九九四年七月に発表した国際通貨制度改革に関する報告書でも、井上案と同じようなＩＭＦの機能強化を重視した改革案が示されていたのを思い出します。この時の提案は残念ながら主要国の通貨当局を動かすことにはなりませんでした。

一方、市場では、変動相場制移行後の為替相場や金利などの変動リスクの回避策としてスワップ、オプション、フューチャーズなどの新しい金融取引が目覚ましく発展しました。それによって為替相場や金利の変動への対応が容易になった面はありますが、これらはあくまでリスク対策の技術であって、制度の安定のための対策は別途議論されなくてはならないと思います。

♣円高と円の国際化

本田　公聴会では、プラザ合意後の円高の進行は日本の金融自由化・円の国際化の動きにどう影響するかという質問もありました。この質問の趣旨は、日米円ドル委員会（一九八四年五月に報告書発表）で、円安ドル高を是正し、日米貿易不均衡を縮小させるためには日本は金融自由化・円の国際化を急ぐべきだとアメリカから指摘されていたが、別のきっかけでドル高が大きく修正されてきたので、アメリカの金融自由化への圧力は変わるだろうかということでした。これに対しては以下のように回答されています。

「円高は円の自由化・国際化にむしろプラスに作用すると考えます。円ドル委員会の結論に従った金融自由化は過剰貯蓄の日本からの資本輸出を増やすことになり、期待された円安抑制効果は現れていませんでしたが、プラザ合意後に進んだ円高は非居住者の円保有意欲を強め、非居住者による円の保有残高が増えていくことが予想されます。問題は日本にそれを受け入れる市場が十分にあるかどうかです。わが国では国債の大量発行で長期資本市場は立派なものができてきましたが、短期市場は未発達な状態です。銀行引受手形市場の創設とか短期国債の発行とかで円を保有する外国人にとって円資金運用の場が増えていくことが大切です。円はこれまでは外国人にとってはもっぱら借りるための通貨でしたが、これからは運用する通貨としても成長する段階に達したと思われます。そういう意味で円高は円の国際化を促進する効果があると思います。」

さらにその質問に関連して、その年の一二月から発足することが決まっていた東京オフショア市場について、「外─外の金融取引」に限定した市場にするのではなく、外─外の金融取引と国内金融取引を一体化した、いわゆるロンドン型のオフショア市場にすべきでなかったかという問いかけがあり、これには次のように答えられています。

「私も東京市場がロンドンと同じように内外一体型となって自由に機能できる市場になるのが目標だと思います。しかし日本は一九八〇年の新外為法の成立で自由化への一歩を進めた段階で、外国との資金取引には金融制度上も税法上もいろいろな問題を残しています。東京オフショア市場は自由化への過渡的な段階と思います。」

これらの質疑応答記録は、一九八〇年代半ばでの円の国際通貨としての成長度合いを再確認する意味で興味深い資料であると思います。金融の自由化・円の国際化のその後の進展については後で改めてテーマに取り上げたいと思います。

♣井上頭取の経営課題

本田　次のテーマに移りたいと思います。井上さんは、病に倒れられた渡邉康頭取の後を受けて一九八五年九月に東京銀行頭取に就任されました。途上国累積債務問題はまだ解決のめどが立っていない時期でしたが、そこにプラザ合意を起点に急激な円高という嵐もやってきて大変厳しい経営環境であったと思います。どのような基本方針で新たな職務に臨まれたのでしょうか。

井上　渡邉頭取のご逝去は予想外で、あわてふためいたのは間違いないところです。ご指摘の通り累積債務問題も多難な時期で、「銀行の危機」を意識していましたので、重責を引き受けてどうすべきか悩みましたが、やがて東銀は人材には恵まれているので経営方針さえ間違えなければ十分やっていけるという確信が持てるようになりました。東銀は他の都銀と比べると規模では劣りますが、専門銀行としての能力は高く、巡洋艦に似て装備は軽いがスピードが出る特徴があり、方針さえ間違えなければ、そうした特徴を生かして成長していけるという自信です。

本田　変化の激しい経営環境の中で、基本方針として重視されたのはどういう方向であったのでしょうか。

井上　外国為替専門銀行としての基礎体力はできあがっていること、国際金融業務のパイは十分大きくなってきていること、顧客のニーズも順調に増えていることなどから判断して、為専路線の堅持が基本になるということです。経営のスローガンとして言えば、「為専路線の強化」ということで、具体的課題としては、収益力の強化、債券消化能力の強化、経費節減（国内従業員六〇〇〇人から五〇〇〇人体制へ）などを重視しました。為専路線の強化にとっては、海外ビジネスだけでなく、国内基盤の強化も重要であると指摘しました。

本田　一九八〇年代半ばでは途上国累積債務問題は解決のめどは立ちにくい状況であったと思い

ますが、ブラジル、アルゼンチン、メキシコなどへの債権の回収見込みはいかがでしたか。

井上　それらのラテンアメリカの大国は工業化の進展した国であり、資源もありますから、最終的に債務返済となる見通しは立つと考えていました。一五の問題国は経済発展段階から見ると、ばらつきがありましたが、過半の国については立ち直っていくものと見ていました。

予想以上に時間がかかり、ブレイディ・プランが出てきて解決を急ぐ動きになった時には、個々の提案にどう付き合っていくか、難しい選択を迫られて苦労しました。

ここで、累積債務問題への対応を振り返ってみましょう。初期は流動性対策、返済期限延長（リスケジューリング）による短期的対処策が中心でした。IMFの構造調整による勧告を使いながら、返済猶予、書替、つなぎ金融などの方策をバンク・アドバイザリー・コミッティが駆使して事態の改善に努めましたが、なかなか思うように運ばず、より中長期的な対応の必要性が痛感されるようになります。

一九八五年になると、ソウルIMF総会でいわゆるベーカー・イニシアティブが打ち出されました。ここでは中長期的成長に重点が置かれ、非債務性資金の導入、世銀グループのIFC（国際金融公社）、MIGA（多国間投資保証機関）の活用などが考えられました。しかし、政情不安、資本逃避などで円滑には進まず、ブラジルのモラトリアム宣言、シティコープの二五％引き当ての発表、モルガンの一〇〇％引き当てなど、次々と新しい展開があり、いわゆるdebt fatigue（債務疲れ）と称される状況になりました。一九八九年にブレイディ・プランにより、元本削減を認める方式が唱えられ、これで問題の最終段階に入りました。元本削減率も三〇％あたりが中心になって進捗し、債権処理促進効果も出てきました。証券化も進捗しました。

一九九〇年代に入るとメキシコ、チリ、コロンビアなどが起債市場に復帰するようになり、危機感、切迫感は大きく薄らいでいったように思います。

本田　一九八六年以降は、プラザ合意の影響を引きずりながらも、国内では東京オフショア市場の発足（一九八六年）、コマーシャル・ペーパー市場の発足（一九八七年）、国債の郵便局・生命保険会社窓口販売開始（一九八八年）など、金融自由化の動きが速まり、海外ではロンドンの金融ビッグバン（一九八六年）、ＢＩＳの自己資本比率導入（一九八八年）などの動きがありました。こうした動きにはどのように対応されたのでしょうか。

井上　一九八三年一一月、レーガン大統領来日を機に設けられた日米円ドル委員会の後、金融自由化の動きが加速し、自由化が大きな流れとなったことが実感されました。東銀の経営の立場では、自由化の流れに乗っていけば損はないので、その意味では気が楽でしたが、流れに足元をすくわれないためには、体力を強くする必要があると考えました。そこで、頻繁に国内での増資や内外市場での転換社債の発行を行い自己資本の充実に努めました。ＢＩＳ規制との関係もあって九〇年代に入っても自己資本増強の努力は継続しました。

本田　対外的にはアメリカとの貿易摩擦が激化してジャパン・バッシングが強まり、東芝製品の打ち壊し事件などが話題になりました。日本は「ジャパン・アズ・ナンバーワン」とおだてられたり、一方では「小人の国症候群の国」と揶揄されたりしていました。超大国アメリカは「巨人委縮症候群の国」と揶揄されていました。このころをどのように回顧されますか。

井上　前にも述べたように七〇年代後半から九〇年代初めごろにかけては、日本経済は人の一生で言えば青年期に相当する活力に満ちた時期で、一方で成熟期に達していたアメリカ経済は八〇年代には極端に不調であったことから摩擦が激化したと思います。アメリカ経済は九〇年代になって活力を取り戻しますが、八〇年代は日米経済の好不調は対照的でした。あのころの日本経済は二度と帰ってこない時代を経験していたように思われます。

本田　八〇年代後半に元ロンドン・エコノミスト東京支局長のビル・エモット氏と面談したことがありますが、そのとき同氏が人口問題の視点から日本経済の先行きに弱気の見方を示されて驚いたことがあります。将来の人口予測というのは比較的やさしい作業で、日本が人口減少の入り口に差し掛かっていたことはデータで確認できていたはずですが、国内ではそれが経済成長に及ぼすマイナスの影響を意識する人が稀だったのは不思議なほどです。

♣バブルの崩壊

本田　一九八九年になると、国内では資産バブルの懸念が強まります。同年五月には公定歩合が二・五%から三・二五%に引き上げられて、金融政策は九年ぶりに引き締めに転換しました。以後一九九〇年八月にかけて公定歩合は計五回引き上げられて、その水準は短期間で六%にまで上昇しました。大蔵省は不動産関連融資の抑制を狙って銀行の融資額総量を規制する行政指導を導入しました。金利引き上げと融資総量規制のダブルパンチを受けて資産バブルは急激に崩壊したわけですが、このころの当局の対応をどのように受け止めていらっしゃいましたか。

井上　事後的には、金融引き締め政策への転換は遅きに失したし、あまりに急激にブレーキをかけ過ぎたと批判されてきましたが、資産バブルの診断は難しいもので、対策が遅れたのはやむを得ない面もあると思います。当時、金融の現場で融資拡大を競っていた身では、当局の対応の遅れを責めることはできません。

本田　一九八九年末から九〇年にかけては、国内では株、債券、円相場が三つ巴で下落する展開となりました。バランスシート不況の始まりです。銀行経営への影響も甚大であったと思います。

井上　一九九〇年度決算で大変な苦労をしたことを思い出します。途上国累積債務問題の最終局面とも重なって、海外債権償却のための積立金不足を保有株式の売却益で穴埋めしたり、ボーナス削減などで経費を節約して、つらい対応を余儀なくされた年でした。

九〇年代に入ってからも日本の銀行界はバブル崩壊後の後始末で苦しい経営が続きましたが、東銀の場合は、累積債務問題の苦い経験で八〇年代は慎重な経営方針を維持してきましたので、国内でのバブル崩壊の悪影響は相対的に軽微で、九〇年代が進むにつれて決算内容はよくなっていきました。

本田　井上さんは一九九〇年六月に頭取を退かれて相談役になられました。頭取在任中の国内他行との付き合いで印象に残っていることはありますか。一番ご苦労されたのは途上国累積債務問題への対応であったかと思いますが、この問題についての他行の東銀評価はどのようなものであったのでしょうか。

井上　途上国債務問題では大いに評価してもらったと言えると思います。一つは、バンク・アドバイザリー・コミッティの幹事役として内外の関係者との連絡・調整で活躍したことへの評価、もう一つは、銀行界を代表して当局と折衝し、最終的に三五％までの有税償却が認められる海外債権償却制度を実現したことへの評価です。

♣金融の自由化・国際化

本田　ここからは、すでに部分的に触れてきた戦後の金融の自由化・国際化の動きをより整理した形で振り返り、いくつかの大きな節目について井上さんのコメントをいただきたいと思います。

戦後の日本の金融制度は、三つの規制と「護送船団方式」と呼ばれる大蔵省の強力な監督・指導の上に成り立っていました。

三つの規制とは、海外との資本取引の規制、金利規制、銀行・証券・保険などの金融業務の規制です。やがて一九七〇年代に進むと、経済成長に伴う金融資産の蓄積、経済活動の国際化、オイルショック後の国債の大量発行などの要因から、規制緩和・自由化への動きが始まり、八〇年代から九〇年代に進むと情報技術革命の進展という要因も加わってそのテンポが速まりました。

先行したのは海外との資本取引の規制緩和で、一九七九年一二月の外為法改正（一九八〇年一二月実施）でそれまでの原則禁止から、原則自由に一八〇度方針が転換されました。一九七三年に変動相場制が一般化して以降、先進諸国では対外資本取引を自由化する動きが進展しましたが、わが国もその流れに加わったわけです。外国為替専門銀行にとって外国為替管理法というのはとりわけかかわりの深い法律であったと思いますが、この時の改正についてはどのように回顧されますか。

井上　他の先進諸国と比べて自由化のタイミングは遅かったと思いますが、原則自由への方針転換は英断であったと思います。外国為替専門銀行にとっては業務拡大の可能性が広がり、前途が明るくなりました。新しい環境に備えていろいろと行内のシステムの見直しを進めたことを思い出します。

本田　東銀の店舗展開の記録を見ても、このころから内外のネットワーク拡大のテンポが速まったのが確認されます。

次の大きな節目は、一九八三年にスタートした日米円ドル委員会が翌年五月に報告書を公表し、同時に大蔵省が独自に作成した『金融の自由化及び国際化についての現状と展望』という報告書を発表した時です。これらの報告書は、日本の通貨当局が円の国際化に取り組む姿勢を初めて表明した歴史的資料と言われています。内容的には、金利の自由化、金融・資本市場の整備・育成、各種金融機関の業務規制の緩和、ユーロ円取引の自由化の四項目について、多くの課題とスケジュールが策定されていました。

このあたりの動きについてはどのような感慨をお持ちですか。

井上　今でもよく覚えているのは、一九八四年三月に、当時のリーガン財務長官、スプリンケル財務次官が来日し、芝公園のアメリカンセンターで開かれた会合のシーンです。私も出席していたのですが、リーガン財務長官は、占領軍がわめくがごとく強圧的な態度で、机をたたきながら日本の自由化・国際化は遅れていると強調していました。例のアメリカ特有の強烈パンチです。円の国際化に向けた動きがこうした外圧に促されて進展したことは否めない事実であると思います。

本田　外圧による規制緩和という意味では、一九八九年の日米首脳会談でブッシュ大統領が提案して始まった日米構造協議はスケールの大きい交渉でした。建前は両国の経済の構造的問題を指摘し合うための協議となっていますが、実際はプラザ合意による円高でもアメリカの対日貿易赤字が減らないのに業を煮やしたアメリカが、問題は日本経済の閉鎖性にあるとして、幅広い分野で日本に規制緩和を求めた協議でした。

アメリカ側からは、大規模小売店舗法の規制緩和、排他的取引慣行を是正するための独禁法の厳正化・公正取引委員会の機能強化、系列取引の透明化のための情報開示の改善など、たくさんの改善要求が出され、貯蓄投資パターンに関しては公共投資の大幅増額が提案されました。私も経団連の関係委員会などで会議に参加した経験がありますが、アメリカ側の主張には自己中心的なところはあるものの、説得力はあったと思います。

井上　私も経団連や同友会の会議でずいぶんこまごまとした問題まで議論し合った記憶があります。この種の日米の協議はその後九〇年代から二〇〇〇年代まで、いろいろと名前を変えて続いてきたわけですが、「アメリカのぶち壊しの威力」が日本の規制緩和・自由化に効果を発揮したことは間違いないところです。

本田　話がそれましたが、本題に戻りたいと思います。金融自由化・国際化に向けた規制緩和が進む一方で、八〇年代の日本経済は活力旺盛であったため、八〇年代後半になると日本の金融・資本市場の規模は急速に膨らみ、外国為替の出来高もニューヨークの規模にかなり近づくほどになりました。このため八〇年代末には、東京はニューヨーク、ロンドンに次ぐ世界の三大金融センターの一角という評価が確立し、二一世紀には国際通貨制度はドル、マルク（あるいはヨーロッパの共通通貨）、円の三つの通貨圏で構成される三極通貨体制になっていくという展望が有力視されるようになりました。日本人だけがうぬぼれてそう言っていたのではなく、欧米のエコノミストや金融関係者の間でもそういう意見がよく聞かれました。当時日本を代表する国際的金融機関のトップであった井上さんはそのころのことをどのように回顧されますか。

井上　八〇年代後半が進むにつれてはっきりしてきたもう一つの動きは、日本の投資家としての地位が大きくなったことです。産業界の対外直接投資が活発に続く一方、生保や損保を中心とする機関投資家の対外証券投資が大きな規模となり、アメリカの債券市場の市況も日本の投資で大きな影響を受けるほどになりました。日本の銀行の多くも、資産規模で世界のトップクラスに名を連ねるようになりました。残念ながら、バブルの崩壊に伴う長期不況でその後勢いが衰えたわけですが、八〇年代末ごろ、「二一世紀には円が三極通貨体制の一角を占めるであろう」といった展望が語られたのは決して誇張ではなかったと思います。

本田　ところが九〇年代初めにバブルが崩壊すると状況は一変しました。

金融機関は不良債権の処理に苦しみ、株式市場や為替市場の規模も縮小し、九三年ごろからは東京金融市場の空洞化がジャーナリズムをにぎわすようになりました。その兆候として指摘されたのは、市場規模の縮小に加えて、欧米の金融機関がアジアの統括本部を東京から香港やシンガポールに移していること、東京証券取引所に上場されている外国企業の数が減少していること、外国政府や外国企業の円建て債発行はもっぱらユーロ市場で行われ、東京市場は格付けの低い発展途上国の起債だけになっていることなどでした。

九〇年代になってからの不振の背景には、バブル崩壊に伴う不況という循環的要因だけでなく、構造的問題も多いと議論されました。主たる問題点として指摘されたのは、依然として多すぎる規制と日本市場のコスト高でした。九〇年代には世界的に金融市場は急速に統合され、金融機関が世界的競争にさらされるようになっていたのみならず、各国金融市場の効率性が国際競争にさらされるようになっていたわけですが、そうした視点で見た場合、改革の努力は十分でなかったということになります。

井上　東京金融市場というのは、一九八〇年代に日本経済の活況を背景に急速に台頭した歴史の浅い市場でしたので、景気が悪くなれば、いろいろ問題点が見えてきたのは仕方のないことでしょう。ロンドンやニューヨークが国際金融センターとして成長した歴史を振り返ってみても、それぞれに安定するまでには時間がかかっています。

♣日本版「金融ビッグバン」

本田　バブル崩壊に伴う混乱が一段落したと見られた一九九六年一一月に、日本版の「金融ビッグバン」が発表されました。これはわが国の金融システムを抜本的に作り直そうという大胆な構想でした。

少し長くなりますが内容を要約しますと、まず「フリー」（市場原理が働く自由な市場に）という項目で、専門金融機関主義を廃止し、あらゆる金融機関が総合的金融サービスを提供できるシステムに転換することがうたわれています。従来は、銀行、証券、保険の間に垣根があってそれぞれ他の領域には参入できない仕組みになっていたが、そうした垣根をなくすということです。

次に、「フェア」（透明で信頼できる市場に）の項目では、従来の事前チェック型の金融行政からルールに則った事後チェック型の金融行政に転換することがうたわれています。そのためには各種金融取引のルールの明確化、ルール違反処分の徹底、資産内容が悪化した金融機関に対する早期是正措置の発動、情報開示の徹底などが課題とされています。

さらに、「グローバル」（国際的で時代を先取りする市場に）の項目では、金融関連法規、会計原則、税制などを国際標準に合わせて改正、変更していくことがうたわれています。

不幸にもバブル崩壊の後遺症は解決されておらず、一九九七年から九八年にかけてわが国は深刻な金融危機を経験することになりますが、金融ビッグバンに盛られた改革目標は概ね順調に実現されていきました。とりわけ三つの規制のうち自由化が遅れていた業務規制の改編が進み、九〇年代末にはわが国の金融機関は幅広い金融サービスを提供できるようになりました。

一九九七年から九八年にかけての金融危機やそれとの関連で進展した金融再編については別途取り上げたいと思いますが、ここでは日本版「金融ビッグバン」についての井上さんのご所見をぜひ伺いたいと思います。

井上　一言で言うと、優れた改革プランであったと思います。日本での改革の動きはとかく動き出すまでに時間がかかるきらいがあるが、いざ実行すると決まると、検討の行き届いたしっかりした計画ができ、着実に効果を上げていくという点に特徴があります。官民の協調を踏まえて重要な政策が決定される日本社会のカルチャーを反映していると思われます。金融ビッグバンで業務規制が大きく変わり、金融再編の動きにつながって行きました。

Column ⑥　プラザ合意

◆　◆　◆

1979年8月にポール・ボルカー氏がアメリカ連邦準備制度理事会議長に就任したとき、アメリカ経済は2桁のインフレ率と失業率が続く、いわゆるスタグフレーションに見舞われていた。ボルカー議長は就任早々から不退転の決意でインフレ退治に取り組み、従来の金利水準を操作する金融政策を改め、通貨供給量のコントロールを政策のターゲットとし、その結果としての金利水準の変動は容認する方式を採用した(「新金融調節方式」)。そのため金利水準は大幅に上昇し、翌年末にはプライム・レート（優良企業向け貸出金利）は21.5%にまで達した。こうした厳しい金融引き締め政策で1982年夏にはインフレ率は年率6.5%のレベルまで下がり、インフレ退治の効果が確認されるようになったが、その後もアメリカの金利水準は相対的に高い水準にとどまった。

1980年代前半における、このようなアメリカの金融政策は副作用を伴った。内外金利格差が広がり、高金利通貨のドルが買われて主要通貨に対してドルが異常な高値にまで上昇した。このため金融引き締めによる不況圧力に加え、ドル高で輸出競争力も失ったアメリカ産業界の不満が強まり、それを反映してアメリカ議会の保護主義的動きが強まった。行き過ぎたドル高はいずれ反転して国際金融情勢を混乱させる懸念も生じた。

このようないきさつから、1985年9月、G5（先進5カ国蔵相・中央銀行総裁会議）は協調的市場介入によって「異常なドル高」の是正に乗り出すことで合意した。その話し合いはニューヨークのプラザ・ホテルで行われたので「プラザ合意」と呼ばれることになった。市場でもドル高は行き過ぎという見方が支配的であったので、この協調的対応は顕著な効果を発揮し、ドルは主要通貨に対して大きく下落することになった。

Column ⑦　戦後の為替管理の歴史

◆　◆　◆

戦後しばらく、わが国の対外経済取引とその決済はGHQの全面管理のもとにあったが、1949年に外為法《がいためほう》（「外国為替及び外国貿易管理法」）が制定された。当時の日本経済を取り巻く環境を反映して、この法律は「対外取引原則禁止」の建前となっていた。

その後の日本経済の発展や国際環境の変化（とりわけ1973年の変動相場制の一般化に伴い進展した先進諸国の資本取引自由化の動き）に伴い、1980年に外為法は対外取引原則禁止から原則自由に180度方針が転換された。

ただしこの時の外為法改正では、どこかで戦争が勃発したり、何らかの事情で国際通貨危機が発生したような場合に備えて、「有事規制の枠組みは残すべきだ」という考え方から、すべての対外決済は外国為替公認銀行を通じて行うべきだとする、いわゆる為銀主義は残ることになり、また、原則自由な資本取引にもさまざまな事前届け出義務が残ることになった。

次の大きな変化は1998年の外為法改正で、為銀主義は撤廃され、対外決済や資本取引にかかわる事前の許可・届け出制も原則廃止された。1964年のIMF 8条国移行で経常取引の自由化は実現していたが、この時の外為法改正でわが国の対外資本取引も完全に自由になった。

この間、1984年には先物為替取引にかかわる「実需原則」（先物為替取引には貿易取引や資本取引の裏付けがあるべきだとする原則）が廃止されており、その後、為替取引が大幅に増加することになった。

第六章
バブル崩壊と金融再編成

《一九九〇年代初め～二〇〇〇年代》

この章では、一九九〇年代初めのバブル崩壊で生じた不良債権問題と、それに関連して発生した国内の金融危機、さらに九〇年代から二〇〇〇年代にかけて進展した金融再編成についてレビューする。

後半では、正友会（東京銀行ＯＢ会）会長の倉地正氏にも加わっていただき、東京三菱銀行誕生の裏話などについて語ってもらった。

♣不良債権処理と国内金融危機

本田　まず、バブル崩壊の経緯を振り返りますと、一九八九年末の大納会で三万九千円をつけた日経平均株価は九〇年初めから反落に向かいます。日銀の数度にわたる公定歩合引き上げに伴い長期金利も上昇し、国債価格が大きく下落して評価損が膨らんでいたため、銀行が決算対策として株を売って穴埋めを図ったのが株価急落の一因になったと言われています。地価の下落が始まったのはその翌年の九一年からで、図1（次頁）に見るように九〇年代を通じて下げ続け、デフレ経済の底流となって行きます。九〇年代初めの経済状況はどのように回顧されますか。

井上　八九年末の大納会でのピークから翌年初めにかけての株価の急落は、忘れられない歴史のひとコマです。東銀も株の売り手になったことは事実ですが、前にも話したように、この時期は途上国累積債務問題処理の最終局面で、そのための引当金不足を埋め合わせするのが主目的でした。連日のように経理部門の責任者と協議して決算対策に苦労したことを思い出します。

本田　不良債権問題とそれに絡んだ金融危機を語る前には、「住専問題」に触れておく必要があると思います。住宅金融専門会社（住専）は、一九七〇年代に国民のマイホーム願望の高まりを背景に、金融機関（母体行）の共同出資で個人向け住宅ローンを提供することを目的に設立されました。その後、銀行が独自に個人住宅ローン分野に進出し、住宅金融公庫も事業を拡大したため、住専は住宅開発会社や不動産業者などへの事業融資に傾斜することになり、バブル崩壊で不

図１　日本のGDP名目成長率と資産価格の推移

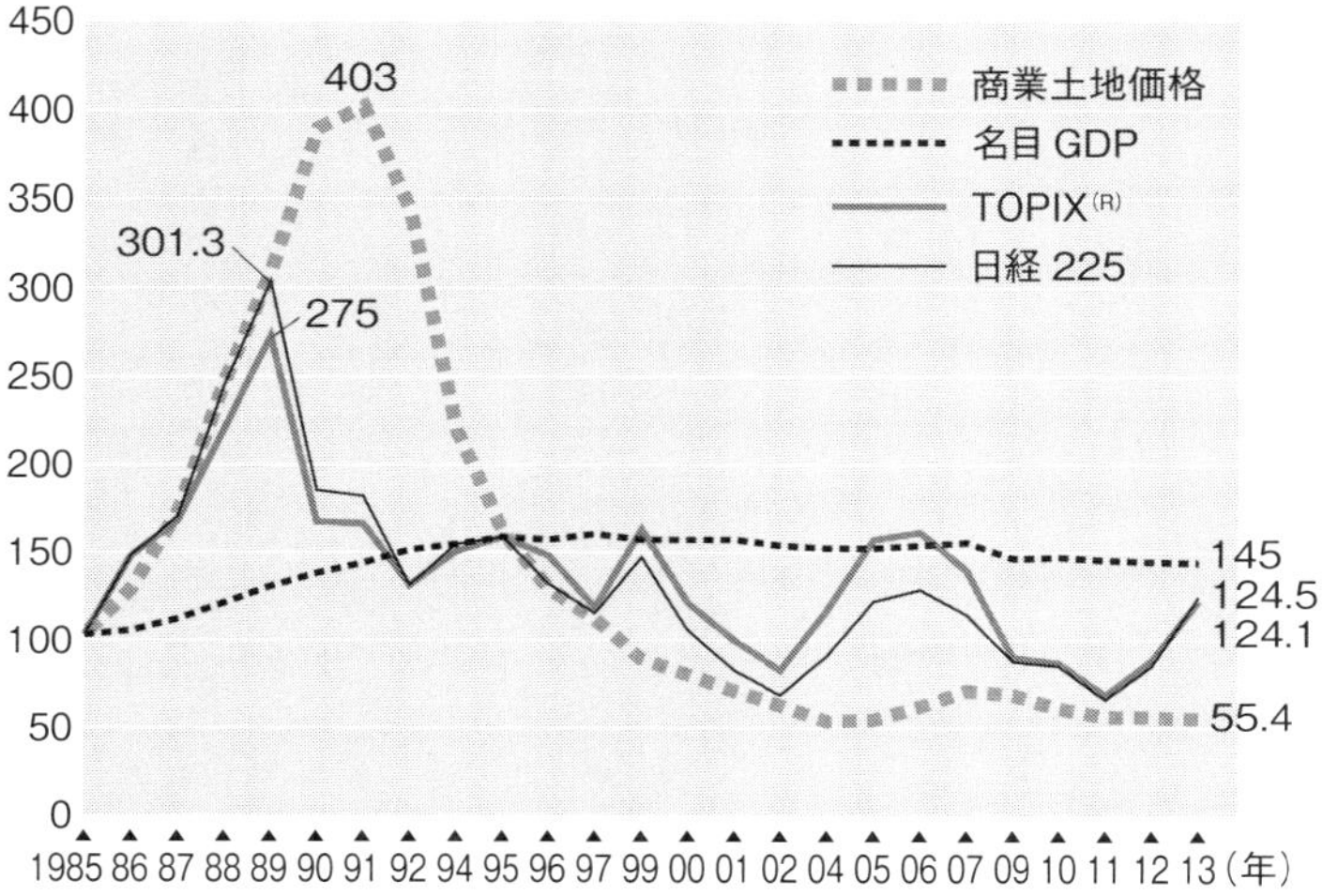

（出所：経済広報センター『Japan2015』 p6）

良債権が急増し経営が行き詰まりました。

一九九二年ごろには、住専は破綻処理やむなしと判断されるようになりましたが、多数に上る関係金融機関の利害が錯綜したことや、農協系金融機関という住専七社に共通する政治力の強い貸し手の存在が迅速な対応を妨げ、一九九六年度予算でようやく六八五〇億円の財政支出を伴う住専対策が整い、住宅金融債権管理機構（中坊公平社長）が発足して債権回収に取り組むことになりました。住専問題を巡る混乱は、金融機関の不良債権問題処理において公的資金を投入することをタブー視する風潮を招き、その後の金融問題の解決を難しくしたと言われます。

井上　住専問題は私が頭取を退いた後で表面化した問題ですが、退任後、日が浅かった時期での出来事であり、また支店によっては深くかかわっていたところもあったので、真剣に成り行きを見守り、内部での協議に加わった記憶があります。

本田　一九九六年一一月に発足した第二次橋本龍太郎内閣は、一九九七年度財政を「財政構造改革元年」と位置づけ、一九九七年四月から消費税の五％への引き上げを実施し、一方で歳出を大幅に削減しました。事後的に評価すると、この決断は時期尚早で、回復軌道が定着したと見られていた国内景気は同年秋から腰砕けとなり、金融機関の不良債権処理の負担が増大する結果となりました。

こうした中で、一九九七年一一月には、三洋証券、北海道拓殖銀行、山一證券が相次いで経営破綻しました。政府は九八年二月には三〇兆円の公的資金枠を設けた安定化対策を決定しましたが、このうち一三兆円は金融機関の自己資本充実に充てる構想でした。しかし、銀行が公的資金受け入れを渋ったため、予算の一部（一・八兆円）を横並びで投入するという中途半端な対策に終わりました。

井上　このころは、銀行は公的資金による援助の受け入れは恥と考え逃げ回っていたというのが実情です。

本田　その後は、国際金融情勢の悪化が国内金融問題を一層深刻にしました。一九九七年夏にタイで発生したアジア通貨危機は、インドネシア、マレーシア、フィリピンなどに波及し、同年末から翌年にかけては韓国も深刻な外貨不足に陥りました。九八年夏にはロシアが財政危機となり、その余波でロングターム・キャピタル・マネージメント（ＬＴＣＭ）という大手ヘッジファンドが行き詰ってアメリカ金融市場にも緊張が走りました。

このように、一九九八年は世界的に金融情勢が混乱した年でしたが、国内ではこの年の一〇月に日本長期信用銀行が、一二月には日本債券信用銀行がそれぞれ破綻処理となりました。政府は金融早期健全化法（同年一〇月二三日施行）で、金融システムへの信頼回復のため、金融機関に対し、破綻前に最大二五兆円の公的資金投入を行うことを決めます。翌年三月には都銀など一五行に対し総額七兆四五九二億円の公的資金投入が実施されました。

それでも不良債権問題はくすぶり続けていましたが、小泉純一郎内閣の「骨太の方針」（二〇〇一年五月）では、不良債権問題の抜本的解決が日本経済再生の第一歩と位置づけられ、主要行の資産査定の厳格化、自己資本の充実、ガバナンスの強化（外部監査人による監査強化など）などが実施されました。その結果、二〇〇五年三月期には大手銀行の不良債権比率は二・九％まで低下して、ようやく事態が正常化したことが確認されるに至りました。一九九二年度から二〇〇四年度までの一三年間における不良債権処理損失は全国銀行合計で約一〇〇兆円に達したと言われます。

話が長くなりましたが、井上さんのコメントを伺いたいと思います。わが国の不良債権処理は漸進的、かつ小出しの対策で必要以上に時間を要したと言われます。確かに、二〇〇八年の金融危機におけるアメリカや欧州諸国の対応、その後のユーロ危機でのEU諸国の対応に比べると、スピードの違いは明らかですが、欧米との相違の背景や影響はどのように説明できるでしょうか。

井上　事後的に冷静に判断すれば、八〇年代のひずみが鬱積していたわけですから、九〇年代初めに政府の援助を受け入れてでも、早期に問題を清算するのが賢明であったと思います。しかしながら、九〇年代初めでは、問題の深刻さと、いわゆるバランスシート・リセッションの本質がすぐには理解されなかったことに加え、公的な援助を受けることを恥と考える企業心理が、そうした対応を阻んだ面があると思います。

日本では、伝統的にメンツあるいはプライドが経営を左右する大きな要素になっており、そのために対応が後手に回って問題が大きくなり、最後になって法律で解決するということが時としてあります。バブル崩壊後の不良債権処理でも、こうした日本特有の企業風土と経営者マインドが問題解決を長引かせた大きな要因になったと思います。

♣金融再編成

本田　一九八〇年代から進んだ金融の自由化・国際化の動きに九〇年代に入ってからの不良債権問題が重なって、経営環境が大きく変化したことから金融再編の動きが急速に進みました。都銀の合併に絞ってデータを整理すると別図のとおりですが、一九九〇年代初めに一三行存在した都銀は、三菱東京ＵＦＪ銀行が誕生した二〇〇六年以降は三メガバンクとりそな銀行に集約されています。このような都銀再編の具体的な背景要因としては、国際化の進展に備えた欧米銀行への競争力強化、国内金融環境の変化に備えた体力強化、不良債権処理に絡んだ体力強化、情報技術革命に対応するための巨額なコストの分かち合いなどが指摘されています。これらの要因はそれぞれの合併のケースごとに優先度が違ったかもしれません。井上さんがお感じになった順序づけ、あるいはウエートづけなどについてお聞かせください。

井上　図2にまとめてある合併のうち、九〇年代初めまでの第一銀行と三井銀行が絡んだ合併は店舗不足を補う意味合いが強かったと思います。戦後、両行は帝国銀行から分離独立しましたが、その時点で店舗数はそれぞれ一〇〇前後で規模が小さく、合併による補強を志向していました。第一銀行は三菱銀行との合併を試みたこともありましたが、これは実現せず、もともと債券発行銀行で同じように店舗が不足していた日本勧業銀行と一九七一年に合併しました。三井銀行は一九九〇年に太陽神戸銀行と合併し、一九九二年にさくら銀行に名称変更しました。これと、同じく一九九二年に協和銀行と埼玉銀行が合併してできたあさひ銀行の誕生までは、古典的、ないし普通の合併と呼ぶべきもので、いわゆる金融再編成にはあたらないと思います。

本格的な銀行合併のきっかけとなったのは一九九六年の三菱銀行と東京銀行の合併でした。こ

図２　都銀再編の歴史

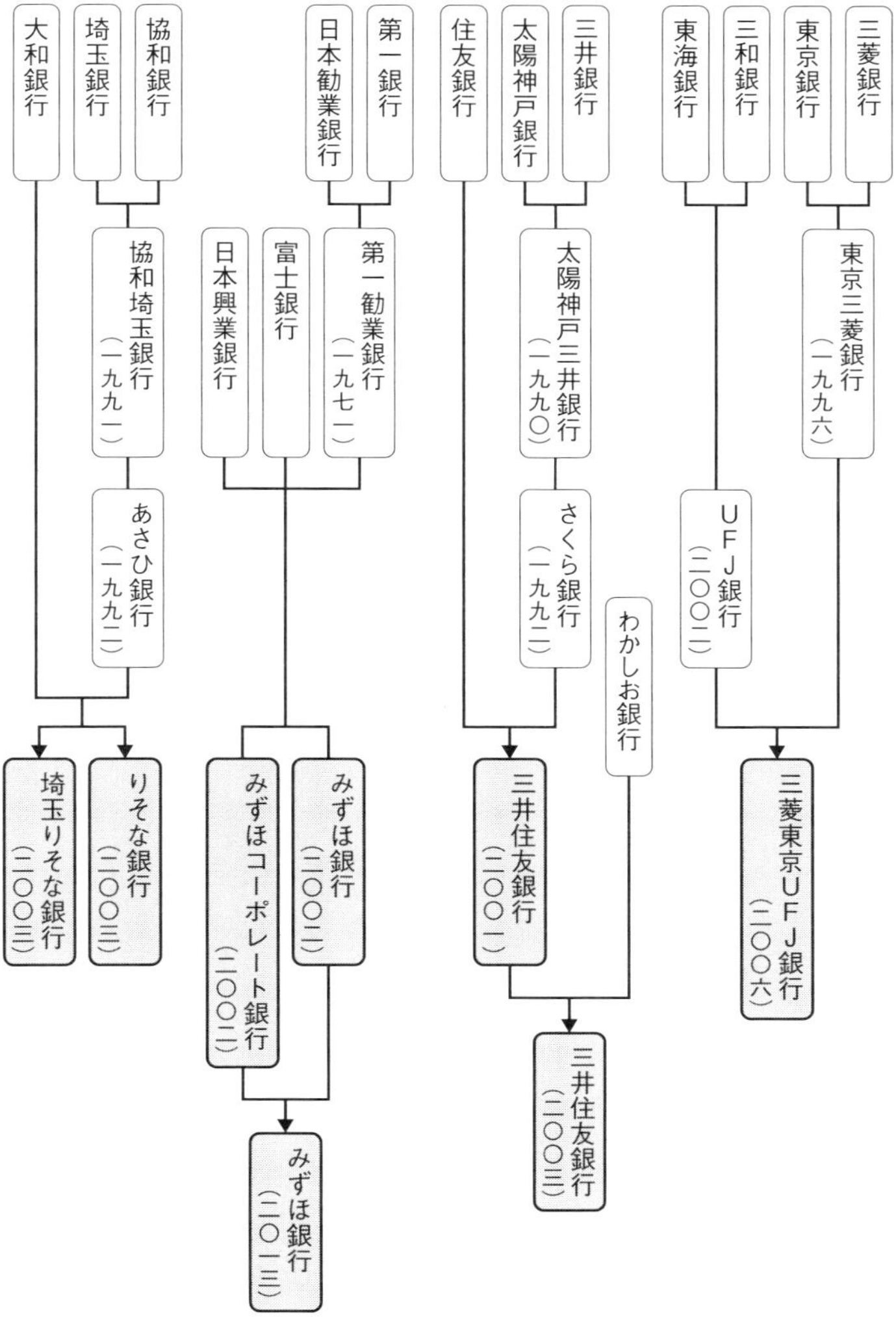

（出所：全国銀行協会）

の合併は実に画期的なことで、その後の都銀合併劇の引き金を引いたと言っても過言ではないでしょう。各銀行、当然いろいろな組み合わせが考えられたわけですが、のんびり構えていると選択範囲が狭くなるため、急いで相手探しが行われたように思われます。

背景要因としては、先ほど指摘されたような事柄が影響したわけですが、もう一つ大事な点を付け加えますと、ユニバーサル・バンキング志向という底流がありました。ユニバーサル・バンキングというのは、ヨーロッパ流の、銀行業務と証券業務並ならびに小売業務と卸売業務を抱合した総合的な金融サービスを提供する業務形態のことですが、日本ではアメリカのグラス・スティーガル体制に見習って、銀行業務と証券業務を分離する金融制度となっていました。しかし、アメリカでも日本でも、銀行界ではこの規制の緩和・撤廃を求める圧力が高まっていたわけです。

アメリカでは一九九九年のグラム・リーチ・ブライリー法で規制は事実上撤廃となりました。日本でも、九〇年代になると金融制度調査会で「子会社方式で銀行の証券業務参入を認める」方向づけが示されました。また、普通銀行と長期信用銀行あるいは外国為替銀行の合併、長期信用銀行ならびに外国為替銀行の普通銀行への転換が可能になりました。これらは一九九二年の金融制度改革法で法律化されました。

こうした流れを受けて、日本の大手銀行も総合的金融サービスを提供する体制づくりを考えていたわけですが、それぞれに得手不得手があるわけですから、補完し合える相手を求めたという一面があります。不良債権処理に関連した体力増強などは後ろ向きの背景要因ということになるのでしょうが、こちらは前向きの背景要因です。

本田　ＢＩＳ規制に絡む自己資本対策は大きな要因ではなかったのでしょうか。東京銀行のケースでは、コンピュータ・システムを維持管理するための費用が負担となっていたという話を聞いたことがありますが、他の合併でもこれは大きな要因であったのでしょうか。

井上　ＢＩＳ規制は大きな要因ではなかったと思います。コンピュータ・システムに関しては日本の銀行は力を入れていましたので、それぞれに負担は大きかったと思います。私の知る限りでは、収益力の割に店舗数の多い協和銀行や逆に店舗数の少ない埼玉銀行などがこの面では苦労が多かったようです。

本田　一九九六年の「金融ビッグバン」を経て抜本的な規制改革が行われ、金融の再編成も進んで東京金融市場は装いが変わりました。大きな枠組みとしては、英米並みの国際金融市場になったと言えると思いますが、国際金融センターの序列では香港、シンガポール、また最近では上海などの追い上げも激しくなっています。今後の課題、展望についてはあらためて伺いたいと思いますが、とりあえず現状認識をお聞かせください。

井上　「東京金融市場の国際競争力」ということで言えば、私は税制の面での競争力の欠如が一番気になります。途上国累積債務問題に関連してお話ししたように、海外債権の貸倒引当金が未整備であったために日本の銀行は大変苦労しましたが、東京が最先端の国際金融センターになるためには、なお税制面の対応が必要と思われます。香港の一七%、シンガポールの二〇%に比べると日本の法人税の割高は明らかですが、これは一例です。税制面のハンディキャップは外国金融機関の日本進出を妨げる要因になります。

♣東京三菱銀行の誕生

本田　このテーマについては正友会（東京銀行OB会）会長の倉地正さんに聞き手の役割をお任せしたいと思います。倉地さんは、ロンドン駐在常務取締役として井上さんと同じポストを経験されていますので、共通の話題も多いかと思います。

倉地　正友会は東銀OBの「心のふるさと」とも言うべき組織だと思います。今は私が会長の立場にありますが、一九九三年から九八年にかけては井上さんが会長でした。その井上さんの任期のちょうど真ん中のところで、具体的には一九九五年三月に東京銀行と三菱銀行の合併の話が日本経済新聞にスクープされました。当然、いろいろな意見があっただろうと思われますが、正友会としてはどのように対応されたのか、まずこのことをぜひ伺ってみたいと思います。

井上　その話が表に出たとき、東銀関係者で合併が「必然的宿命」と考えていた人は少数であっただろうと思います。二割もいたでしょうか。大多数の人はそうは考えていなかったので、びっくりしたはずです。しかし、結論から先に言えば、東銀ＯＢも含めて、内部では肯定的に受け入れられ合併は順調に進みました。

私の頭取在任中の考えをお話ししますと、将来の選択肢として「合併」が頭の中にあったことは事実です。前にも話したように、国際金融ビジネスのパイは順調に拡大しており、人材も充実してきているので、その限りでは将来の心配はなかったのですが、気がかりなことが二つありました。

一つは、増大する一方のシステム投資のためのコストです。多品種少量生産的に金融サービスを提供している銀行の性格もあって負担は大きく、急速に進展するＩＴ革命に対応するためのシステム改革の動きについていけるかどうかという心配はありました。

もう一つの気がかりは、一九八〇年代半ばごろから新卒採用において有力大学からの応募者数が減少する傾向が見られ、将来にわたっていい人材を獲得できるかどうか、危惧の念を抱くようになりました。これら二つの要因が「為専の限界」を意識させることになりました。

したがって、仲間内では技術論的に合併の可能性、影響などを議論することはありましたが、一九九〇年代初めにいわゆる累積債務問題を処理してからは銀行の体力は一段と強くなり、収益状況も良好でしたので、結局のところ、急ぐ必要のない課題だと考えていました。一九九〇年六月の株主総会で私は頭取を退き、後を高垣佑さんに託しましたが、この時は高垣さんも同じように慎重な考えであっただろうと思います。

しかし、頭取交代のころから、バブル崩壊に伴う不良債権問題で国内金融情勢が厳しくなり、金融制度調査会では長信銀（長期信用銀行）や為専にかかわる制度改革論議も始まって、客観情勢に大きな変化が生じました。そうした動きを踏まえて、高垣頭取は合併の相手やタイミングを具体的に検討されるようになったということだと思います。一九九五年の三月二八日であったと思いますが、日経朝刊で三菱銀行との合併計画がスクープされ、関係者は大慌てすることになりました。

倉地　正友会としては、メンバーへの連絡など、どのように対応されたのでしょうか。

井上　正友会としては何もしていません。メンバーへの報告は新聞がやってくれました。実は、私はスクープがあった当日、パリに出張する予定があり、詳しいことを知らないまま飛行機に乗りましたが、シャルル・ド・ゴール空港に出迎えてくれたパリ支店長が二八日付の日経夕刊を持ってきてくれていまして、初めて具体的な内容を知りました。夕刊の解説記事は正確に事実関係を伝えていたと思います。先輩の皆さん方も新聞で合併の計画を知ることになりました。

主だったOBには高垣頭取から報告がありました。超大物OBの堀江薫雄元頭取は「よい話だし、組み合わせもよい」と語り、淡々と、大変前向きに対応されました。OBの中には納得のいかない人もいたようですが、堀江さんの支持も得られ、肯定的に受け取る人が多数で計画は順調に進展しました。

倉地　東銀らしいところですね。私は当時、ロンドン駐在常務でした。前からの予定でパリに行っていましたが、とんぼ返りでロンドンに戻り、急遽、欧州拠点長会議を開催して、事実関係を説明し、各国中央銀行や顧客、さらには現地行員などにどのように説明するか話し合った記憶があります。

井上　お話ししたように、この合併はバブル崩壊以降に生じた本格的な金融再編成の第一号で、再編の動きに大きなインパクトを与えました。他の都銀も皆、慌てて相手探しに走り出す展開となりました。

三菱銀行とは、横浜正金銀行の時代から人事交流も含めた付き合いがありました。正金銀行の出身者が三菱銀行に移って三菱銀行に外国部を作ったという歴史もあります。高垣頭取の父上が三菱商事のトップであったという個人的つながりはありましたが、両行合併のより大きな背景要因は、相性のよい相手であったということです。三菱銀行にとっても、海外に強い東京銀行との合併は大ヒットと言えるでしょう。

倉地　あの時期は欧米でも大きな銀行合併の動きがありましたが、それらと比べてみても一歩先行していたように思います。それがよい組み合わせの実現につながったということでしょうか。

新銀行の名前が、まったく新しい名前でなく、両方の銀行の名前をつなげるアメリカ流のネーミングに決まったのは分かりやすくてよかったと思います。最近、三菱東京ＵＦＪ銀行の収益の四九％は国際部門の収益になっていると聞きましたが、合併の成功を物語るデータだと思います。地域的には、とりわけアジア地域の貢献が大きいようです。井上さんはアジアについてはどのような印象をお持ちですか。

井上　私は銀行に入って最初に配属されたのは神戸支店ですが、当時は正金銀行の先輩の話をいろいろ興味深く聞いたものです。それによると正金銀行のころもアジアの比重が高く、国としてはビルマ（ミャンマー）、タイ、インドネシアが傑出していたようです。中国は全体としての店舗数は多いが、民間の仕事はさほど多くはなかったようです。正金銀行のアジアでの重要拠点はボンベイ（ムンバイ）、上海、大連、スラバヤといったところで、後にロンドンやニューヨークで働くことになる人たちも最初はこれらの拠点で訓練を受けたようです。

本田　井上さんご自身は、アジアには行きそびれたということでしょうか。

井上　アジア勤務の辞令は受けませんでしたので「行きそびれ」になります。役所などの人事異動では、個人の希望を聞き入れてもらえる余地があるようですが、東銀の人事では、健康上の理由など特別な事情がない限り、異動はすべて上からの命令でした。

倉地　先ほど、井上さんがシステム改革のコストが悩みのタネであったと言われましたが、一九八八年にできた東銀のコンピュータ・システムであるTohnetは銀行がドル決済の役割を担っている関係上、Fedwire（アメリカ連邦準備銀行が運営する資金決済システム）やCHIPS（ニューヨーク手形交換所協会が運営する資金決済システム）などとつながっており、安易にいじれないまま、今でも稼働しています。これはすごいことだと思います。

私は人事部の責任者もやっていたので人事政策に関するテーマも取り上げてみたいと思います。最近は政府の成長戦略の一環として女性の能力の積極活用ということが言われていますが、東銀はすでに一九七〇年に「海外勤務女子職員制度」という先駆的な制度をスタートさせ、海外の主要拠点に女性職員を派遣するようになりました。このような女性能力活用の考えは正金銀行由来のものでしょうか。

井上　横浜正金銀行のころは、一九三〇年代までは女性職員はほぼタイピストと電話交換手に限られていましたから、正金銀行からの伝統とは言えないと思います。

東京銀行はすでに一九六〇年代初めから四大卒の女性行員の採用を始めており、かなり他行に先行しています。その背景としては、男性だけでは人手が足りないという現実的判断に加え、男女同権の思想が意識されたということだと思います。

倉地　国際的にビジネスを展開していることから、海外の動きも見ていて進歩的な政策判断ができていたということでしょうか。他行に先駆けて四大卒女性行員採用を始めたことで、優秀な人材が獲得できてきたと言えると思います。女性行員の管理職登用でも他行に先行してきました。一九九〇年代初めに女子行員の制服廃止を決めたのも先進的動きであったと思われます。ただし、そのことの良し悪しについては今でも意見は分かれるようです。

Column ⑧　アジア通貨危機

◆　◆　◆

1997年半ばから、タイ・バーツの急落が引き金となってASEAN諸国を中心にアジア通貨に大きな混乱が生じた。外国資本に依存した不動産投資の行き過ぎから、金融機関が巨額の不良債権を抱えるようになったことがタイ・バーツ売りの主要因であった。バーツの急落はフィリピン、マレーシア、インドネシアなど近隣諸国通貨にも売り圧力を呼ぶことになり、さらにその年の秋には韓国のウォンにも影響が波及した。

タイ、インドネシア、韓国の場合、単独での解決は難しく、IMFを中心とする国際機関や日本などから資金援助を受けることになり、IMFが承認した経済安定化プランに従い、その管理下で経済改革に取り組むことになった。このため1998年はこれらのアジア諸国の経済成長率は大幅なマイナスとなった。

アジア通貨危機の背景要因としては、1980年代から90年代にかけて世界的に対外資本取引の自由化が進む動きの中で、アジア諸国も国内の金融市場や金融機関の監督体制が未整備なまま資本取引の自由化を急いだことがあげられる。多くの国が長らくドル連動の為替政策をとっていたので、企業や金融機関の為替リスク意識が希薄となり、過剰に短期のドル資金が国内に流入することになった。そして資産バブルの崩壊や近隣で生じた混乱がきっかけとなって大規模なドル資金の逆流が生じたのである。

大型通貨危機を経験した後は、アジア諸国は経常収支黒字を増やし外貨準備を厚くする政策を重視するようになった。一方で、アジア域内での通貨・金融協力強化の必要が認識され、ASEAN＋3（日中韓）の枠組みで外貨を融通し合うスワップ協定（チェンマイ・イニシアティブ）の締結や定期的な情報交換のための政府高官レベルの会合などの動きが進むことになった。

第七章 東京国際金融センターの将来

《二〇〇八年アメリカ発世界金融危機～現在》

この章では、まず、二〇〇七年夏から〇八年にかけてアメリカで起きた「サブプライムローン問題」に端を発した大型の世界的金融危機について井上氏の見方を伺い、次に新段階に入ったとみられる邦銀の海外進出について、さらに再び議論が盛り上がっている「東京国際金融センター構想」についても語ってもらった。

後半では、バンカーとしての七〇年のキャリアを振り返り、この間の金融界を取り巻く状況の変化をまとめていただいた。さらにユーロについて、誕生の背景、将来の見通し、イギリスとユーロの関係を論点として話を聞いた。

♣アメリカ発大型金融危機

本田　この章で取り上げるのはまだ記憶にも新しい出来事です。

二〇〇七年の夏から翌年にかけて、国際金融の世界は再び激震に見舞われることになりました。危機の発生源は国際金融の中心地アメリカで、それまで進められてきたＩＭＦを中心とする危機管理体制の想定地域外での出来事でした。一般的に「サブプライムローン問題」と形容されるこの金融危機は、二〇〇〇年代初めから続いてきたアメリカの住宅市場のバブル的活況を背景に、所得水準が低く、返済能力に問題のある層にまで提供されるようになった住宅ローン（サブプライムローン）が焦げ付き始めたのがきっかけでした。住宅市場のバブルの背景には、二〇〇〇年のＩＴバブル崩壊後、長い金融緩和期が続いたことがありました。

この限りでは、行き過ぎた不動産融資の失敗談で片づけられる話ですが、金融の証券化という動きが絡んで問題を大きくしました。一九八〇年代からアメリカを中心に発展していた金融の証券化は、住宅ローンなどの債権を裏付けに証券を発行して投資家に売却し、一定の収益を確保しつつ、最初に投下した資金を回収するビジネスモデルで、住宅ローンのほか商業用不動産ローン、自動車ローン、クレジットカードローンなど、さまざまな債権が証券化の対象となりました。こうした証券化商品はリスク分散の原則にのっとって安全に商品設計されているはずでしたが、サブプライムローンに焦げ付きが多発するようになると、信用は一気に崩れ、値崩れを起こすことになりました。サブプライムローンを組み込んだ金融商品の性格は複雑で、金融機関のトップでも正確に理解できている人はほとんどいなかったと言われています。

このため、積極的に証券化ビジネスに取り組んできたアメリカの金融機関や、現地でこの種の取引に深くかかわってきた欧州主要国の銀行が大きな痛手を受け、金融市場での資金の流れが凍りついて、資金調達難から経営危機に陥る金融機関が続出しました。二〇〇八年九月に、アメリカの大手投資銀行の一つであったリーマン・ブラザーズが倒産したのは象徴的な出来事でした。米欧の中央銀行は最大限の流動性供給を行い、アメリカをはじめ関係国政府は巨額の公的資金を投入して金融機関の経営を支えたので、何とか二〇〇九年には混乱は収束に向かいましたが、アメリカ景気の長期低迷、欧州諸国の政府債務危機といった後遺症が残りました。

あわや世界的金融恐慌に発展するかと思われた大型金融危機でありましたが、井上さんはこの危機をどのようにご覧になっていましたか。

井上　サブプライムローンを使った仕組み商品というのはもともと動機に不純なところがありますが、それがアメリカ特有の大量生産型の金融商品に仕立て上げられたことで、二重の過ちがあったと思います。誤った金融技術の宿命ともいうべき出来事であったと思います。ファニーメイ（連邦抵当金庫）やフレディマック（連邦住宅抵当貸付公社）といった歴史的に公的な性格を持つ住宅金融機関が関与していたことで、政府保証のある金融商品のごとき錯覚が生まれたことも問題を大きくしたと思います。

本田　私の知人で、ＭＩＴ（マサチューセッツ工科大学）で物理学を専攻した人も金融界に進んで金融商品の開発に取り組むようになりましたが、金融危機の前にはそういう風潮が目立ちました。

井上　今でもそれは続いているのではないでしょうか。金融工学には危うさが残っており、今後も失敗が繰り返される恐れがあることには要警戒です。教訓として言えることは、社内教育や大学などでオーソドックスな銀行業の基本を勉強する必要があるということです。

♣邦銀の海外展開の新局面

本田　幸いなことに銀行をはじめ日本の金融機関は「サブプライムローン問題」には深入りしておらず、大きな打撃を受けずに嵐をやり過ごすことができました。一九九〇年代から二〇〇〇年代初めにかけての国内での不良債権問題の苦い経験が生きたということでしょうか。

二〇〇〇年代の最初の一〇年の前半で、邦銀の国内での不良債権処理は概ね終了していました。二〇一〇年代になると、米欧の銀行の苦戦が続く中で、邦銀の国際金融界での立ち位置が再び浮上し、海外戦略を活発化するところが増えてきました。三菱ＵＦＪフィナンシャル・グループによるモルガン・スタンレーとの資本提携のようなケースもありますが、一般的にはアジア重視の海外展開が中心となっているようです。

邦銀の海外展開は新しい発展段階に入っていると言えるでしょうか。従来と異なる動きは認められますか。

井上　アメリカの銀行もヨーロッパの銀行も調整過程にあって、ポートフォリオや拠点の調整を進めています。一足先に調整過程を済ませた日本の銀行にチャンスが回ってきて、国際的に事業を拡大しやすい環境にあることは事実です。もう一つの要因は、国内では低金利が続き、企業の資金需要も弱いことから、収益を上げるためには海外に出ていかざるを得ないということです。進出先としてはタイ、ミャンマー、インドネシア、インドなど、伝統的に日本とのつながりが強く、成長ポテンシャルも高いアジア地域が中心となるのは自然な流れです。

本田　とりわけ三菱東京ＵＦＪ銀行がタイの名門アユタヤ銀行を子会社にし、バンコク支店と統合したのはエポックメイキングな出来事であったと思います。

ところで、銀行に限らず、日本の企業が本格的にグローバル展開を目指す場合、現地採用スタッフをどこまで有効活用できるかに問題があると言われますが、日本の銀行は今後この問題をどのように解決していくべきでしょうか。

井上　進出先での人の確保は大きな問題です。

現地スタッフは別枠で採用する時代は終わって、今では基幹職員は正規社員として採用する必要があります。二つのグループに分けて考えるのがよいと思います。一つはディーラー、トレイダーなどのエキスパートの採用です。日本人だけでは足りないし、できない面もあるので現地で採用する必要がありますが、コストが高いし、管理が行き届かないリスクもあります。しかし採用に踏み切らざるを得ないということで、これはすでに結論が出ています。

もう一つは支店長、子会社社長、所長といった幹部職員の採用ですが、地域によっては本社の役員の給与よりコストがかかり、信頼性をどうやって担保するかという問題もより重大です。こちらはまだ結論が出ているとは言えませんが、人が足りないわけですから、結局のところ、マーケット・バリューを支払って雇っていくという選択しかないと思われます。日本の総合商社などではそうした割り切った考え方が先行しているようです。

本田　海外店での経験では、コストをかけてエキスパートを養成するとプレミアム付きで他社から引き抜かれてしまうというリスクがありますが、そうしたリスクも割り切らざるを得ないということですね。

♣東京国際金融センター構想

本田　ここからは、東京金融市場の将来展望を取り上げてみたいと思います。

二〇二〇年の東京オリンピック・パラリンピック開催が決まったことを踏まえて、東京都は「東京国際金融センター」構想を立ち上げ、タスクフォースを設置して検討を開始しました。経済が成熟期に入った先進国では、一般的にサービス産業の占める比重が高まっていく傾向があります。サービス産業の幅は広いですが、経済成長を支え、雇用を確保していく上では情報関連サービス、観光サービスなどと並んで金融サービスが有望視されており、先進諸国はもとより、新興国の多くも金融サービス産業の振興に力を入れています。東京金融センター構想は決して新しい動きではないのですが、バブル崩壊後の日本経済の長期不振のもとでは棚上げされてきました。どうやらバブル崩壊の後遺症が収まったところで、東京都がこの構想の再活性化に着手するのはよい考えだと思われます。

本格的に議論するためには、細かいところまで検討していかなくてはならないでしょうが、ここでは大まかなポイントに絞って、可能性と問題点を語り合ってみたいと思います。

まず、世界中から各種の金融機関が進出してきて快適、効率的に金融ビジネスを展開できるためには、その都市がいくつかの物理的条件をクリアしていなくてはなりません。国内外での交通の便、情報通信設備の完備、まとまりのある地理的広がりの中での良質のオフィスビルの集結などは不可欠の条件で、付随的に良質のホテルやレストランなども必要でしょう。

東京は、これらの点ではまったく問題はないように思われます。ひところ成田空港が都心から遠いことが難点と言われていましたが、羽田空港の発着枠が増えて状況は変わりました。公共交通機関の充実ぶりは世界に冠たるものです。バブル崩壊後の景気不振の時代にも、都市再開発だけは不断に継続され、東京駅を挟んで丸の内から八重洲に至る一帯は、今ではニューヨークやロンドンに決して劣らないスケールの大きなビジネス街になっていると思われます。

外国からやってきたビジネスマンやその家族に快適な生活を提供するという意味では、四季の変化に富んだ自然の魅力が大きいし、最近では和食の評価も高まっています。伝統文化の鑑賞、展覧会、音楽会などでの不便もないでしょう。子弟の教育や医療サービスの面では改善すべき点もあるかもしれません。

そこでお尋ねしますが、ニューヨークやロンドンをはじめ多くの都市を見聞されてきた井上さんは、現在の東京のたたずまいをどのように評価されていますか。

井上　先ほど指摘されたように、物理的なインフラストラクチャーが充実してきたことは間違いないところです。

金融のインフラという時には、そうしたハードのインフラに加えて弁護士、公認会計士、翻訳・通訳サービスといったソフトのインフラの充実も大切ですが、東京はこちらの方も条件をクリアしてきたと思います。安全という側面も含めて東京の居住環境を評価すれば、世界のトップレベルにあると言えると思います。

医療サービスに問題があると言われましたが、医療技術の水準や衛生環境も遜色はありません。医療サービスの提供の仕方には問題があるかもしれませんがそれは改善できるでしょう。

一九六〇年代から八〇年代ごろまでは、東京は居住コストが異常に高いと言われていましたが、今では状況は変わったようです。「異常に高い居住コスト」を形成していた要因は「円高＋住居費＋生活費」であったわけですが、円高は修正され、物価の超安定が長く続いた結果、後の二つの要因も国際比較での割高感が消滅してきました。

本田　商業用不動産の賃貸価格も、国際的に見て、そう高くはなくなっていると聞きます。個人の立場で、借金して家を建てるか、借家住まいで一生を過ごすか、損得計算すると収支トントンとなって、大正時代に戻ったといった話を聞くこともあります。

♣外国金融機関のビジネスチャンスとビジネス環境

本田　次の問題は、日本に進出してきた外国金融機関にとって、ビジネスチャンスが十分にあるかどうかという問題です。

この点についてまず言えることは、今の日本には製造業部門のみならず、情報、運輸、流通などの幅広い分野でグローバル展開し、高度の専門的金融サービスを求める企業が数多く育っていることです。一六〇〇兆円と言われる個人金融資産については、「貯蓄から投資へ」の合言葉のもとで資産運用の活性化を促す努力がなされていますが、この分野にも外国金融機関のビジネスチャンスは多そうです。

そして、ニューヨークやロンドンと比較した場合の東京市場の強みとして古くから言われているのは、成長ポテンシャルの高いアジアに近いことです。この点ではシンガポールや香港などアジアの金融センターともろに競合することになるわけですが、日本経済とアジア経済の統合が進展する動きの中で東京に進出してきた外国金融機関にとって、アジア関連ビジネスはやはり一つの大きな柱になるのではないでしょうか。

井上さんは、外国金融機関の立場になって考えた場合、東京金融市場でのビジネスチャンスをどのように評価されますか。

井上　ご指摘の通り、ビジネスチャンスは豊富に存在すると思います。経済のグローバル化が進んだ結果、大企業に限らず中小の企業も何らかの形で国際的ビジネスに関与している時代ですから、アジア地域に限らず世界中のビジネスが日本を舞台に行われています。専門性、地域特性などを生かした外国金融機関の活躍の場はますます広がっていくでしょう。

本田　さらに次なる問題は、東京市場がビジネスを展開しやすい市場かどうかということです。金融制度、金融市場の奥行きと広がり、商慣行、さらには税制などが関連する話になってきます。

まず金融制度については、内外資本取引は完全に自由化されており、金融ビッグバンを経て業務規制も大幅に緩和されて、大きな枠組みとしては米英の金融市場に引けをとらない市場になっていると言えると思います。金融関連法規やルールの英語による公示、英語での行政窓口の拡充など行政サービス改善の余地はあるようです。

市場の成熟度という点でも先頭グループに入っていると評価されますが、国際金融の新しい展開に即応するイノベーション能力の強化が求められているようです。最近では、アジア地域での国際金融のハブ機能を強化するため、外貨建ての証券決済システムの構築、人民元クリアリングバンクの設置などの課題が指摘されています。

伝統的な長期的取引関係を重視する日本の銀行と企業の取引慣行などは、外国金融機関にとって参入障壁と受け取られる面があるようですが、こうした問題は近年重視されている「コーポレート・ガバナンス」の改善を通じて解決されていくことが必要でしょう。

税制面では東京がコスト高であることは否めません。とりわけシンガポールや香港などと比べると劣勢は明らかです。税制面でどれだけの優遇措置を提供できるか難しいテーマですが、戦略特区構想の枠組みで検討されるべき問題だと思います。

井上さんは、市場の機能、あるいはビジネスを展開しやすい市場かどうかという点では東京金融市場をどのように採点されますか。

井上　金融制度の枠組みの変化や金融市場の現状、問題点などは指摘の通りだと思います。

ただし、日本の伝統的な銀行と企業の取引関係が外国金融機関の参入障壁になっているのではという見方には異論があります。かつてはそういう側面があったのは事実ですが、状況は大きく変化しています。グローバル展開している大企業はすでに外国金融機関と幅広く取引していますが、後を追って海外ビジネスに乗り出した多くの中小企業でも、外国金融機関に対してオープン・マインドに意識改革が進んでいるように見受けられます。そうしないと生き残れない時代になってきたということだと思います。

指摘されなかったことを一つ付け加えますと、日本では各種業界の団体がよく整っており、さまざまなサービスを提供しているので外国金融機関のビジネス展開に役立つのではないかということです。

東京金融市場の最大の弱点は、前にも指摘したように税制の問題だと思います。法人税率が高いのはすぐには解決できない問題ですが、国際的な金融市場を育てるという視点では、利子課税とか印紙税といった技術的性格の、細かい税で金融取引の負担となっているものを整理する努力は急いで進めるべきだと思います。東京都のタスクフォースでもそうした作業が進められることを期待したいと思います。

本田　一九八〇年代に円の国際化に絡んで、円建てBA市場（銀行引受手形市場）構想が提唱された時も、印紙税が制約要因になって話が前に進みませんでした。かつて日本がアメリカのBA市場のお世話になって貿易を伸ばしたように、低金利の円で貿易資金を調達できる市場ができれば、アジア諸国などの経済発展に役立つだろうと思われます。

井上　「東京金融市場の現状を採点しろ」と言われれば、税制面の弱みはありますが、充実してきた金融インフラ、優れた居住環境、底の深い金融市場などを勘案して、少し甘いかもしれないが九〇点ぐらいはつけてよいのではないでしょうか。

本田　最後の大切な側面は、人材の問題だろうと思います。国際金融の共通言語が英語であることは明らかですが、予見しうる将来にわたって、このことは変わらないと思われます。わが国でも英語が達者な若者は増えてきてはいますが、不自由なく英語で仕事ができるだけの読み書き、会話の総合力を備えた人材は、まだまだ不足しているように見受けられます。東京が国際金融センターとして順調に成長していくための最大の課題は、結局のところ、英語をこなせるグローバル人材の育成のように思われます。

井上　私は日本人の英語力は相当進歩してきており、国際金融センターとして大きなハンディキャップではなくなってきたという印象を持っていますが、まだまだ向上の余地が大きいことはご指摘の通りだと思います。

♣七〇年のキャリアを振り返って

本田　続いてこの章の締めくくりとして、井上さんがバンカーとしての第一歩を踏み出されてからの七〇年を振り返って、この間に生じた金融の世界の変貌について、感慨をお聞きしたいと思います。

井上　舞台を日本に限定すれば、とりわけ感慨深いのは次の四つの変化です。

第一に、たくさん存在した銀行が整理統合されて、都銀は三メガバンクとりそな銀行に集約されたこと。第二に、わが国の金融機関の国際金融界でのプレゼンスが飛躍的に増大したこと。第三は、金融環境の変化ですが、低金利が常態化し、その前提で金融ビジネスを展開せざるを得なくなってきたこと。第四は、為替相場の変動が大きくなり、企業や金融機関の経営に大きな影響を及ぼすようになったことです。前に触れたように、変動相場制はもはや後戻りできない仕組みになったようです。

世界的に見れば、ドルの基軸通貨としての地位は維持されていますが、ユーロが誕生したことは大きな出来事でした。強いマルクと弱いフランス・フランの相克が長く続いていましたが、これらが一つになったのは画期的なことです。今後の問題としては、人民元がどのようなスピードで国際通貨として成長していくか注目されますが、前に議論したように、前途は多難のように思われます。

本田　ユーロについてお話を聞くのを忘れていましたので、ここで補足的にいくつかお尋ねしたいと思います。話題のつきないテーマだと思いますが、ユーロ誕生についての感想、いま難局に遭遇しているユーロの将来の見通し、イギリスとユーロ、この三点にしぼって伺いたいと思います。
　ＥＣ（現在のＥＵ）は一九九二年に単一市場（物とサービス、資本、人の自由移動）を実現し、次の目標は通貨統合とされていましたが、半信半疑で見ていた人が多かったと思います。ところが、一九九一年末に合意され、九三年一一月発効したマーストリヒト条約でユーロ導入のスケジュールが設定され、九九年一月にユーロ誕生となりました。計画が急に実現に向けて動き出したのは、一九九〇年の東西ドイツの統合で欧州の勢力均衡が崩れるのを恐れた近隣諸国が、共通通貨を導入してドイツの動きを抑えようとしたためという説が有力です。当時、ユーロの誕生をどのようにご覧になっていましたか。

井上　一九七九年にＥＭＳ（欧州通貨制度）が発足するなど、通貨統合に向けた動きはあったので、共通通貨は突飛なアイデアではなかったと思います。しかし、金融政策だけを統一して、財政政策は各国が独自に運営する構想では無理があるのではないかと、多くの専門家が懸念を表明していましたので、実現の時期は不透明であったわけですが、あの時期に政治決断で一気に実現に向かったのは革命的な出来事であったと思います。ＥＥＣ（欧州経済共同体、ＥＣの前身）のころからメンバー国間の為替相場の変動を抑え、ゆくゆくは単一レートに終息させることが夢であったわけで、それを実現したことは、人間の知恵の最高の成果を見た思いがしました。

本田　順調に成長していたユーロは、二〇〇九年にギリシャの大きな財政赤字が発覚したことをきっかけに混乱状態に陥りました。アイルランド、スペイン、ポルトガルなどでも政府の財政危機と銀行危機が同時発生する展開となり、二〇一二年半ばごろは「ユーロの危機」は相当深刻でした。これに対して、新財政協定による財政規律の再確認、銀行同盟に向けての前進、「欧州安定メカニズム」と呼ばれる資金規模五〇〇〇億ユーロの常設機関の設置などの対策がとられ、さらに欧州中央銀行（ＥＣＢ）も、ユーロ圏の銀行への支援融資や財政危機に直面した国の国債の無制限購入（財政健全化政策の実行が条件）といった大胆な政策対応を図りました。このため、二〇一二年後半からはユーロは安定を取り戻していましたが、二〇一五年になって、ギリシャでは緊縮政策への不満がたまって総選挙で反緊縮政権が誕生し、再び混乱の兆しが出ています。先行きをどうご覧になりますか。

井上　単一通貨が流通するユーロ圏では、為替相場の変更によるハンディキャップ調整はできなくなったわけですから、メンバー国間に生まれる経済力格差をどうやって平準化していくかが根本的な問題でしょう。立ち遅れている国の構造改革が基本でしょうが、何らかの仕組みで強い国から弱い国への所得移転を図ることも必要だと思います。ギリシャの個別事情はよく分かりませんが、ギリシャ問題はユーロ存続の試金石と言えるでしょう。ユーロの存続は政治的にも大きな意味を持つので、ユーロ圏は究極的にはギリシャを救っていくだろうと見ています。

本田　イギリスはＥＵのメンバーながらユーロは導入していませんが、労働党のブレア政権のころは、一定の条件が満たされればユーロを導入するという前向きな姿勢を見せていました。

ところが、今のキャメロン首相は、二〇一五年の総選挙で勝利した場合には、「ＥＵ離脱」の是非について二〇一七年までに国民投票を行うと表明しています。イギリス通の井上さんはイギリスの動きをどう思われますか。

井上 前に話したように、イギリスはＥＦＴＡの枠組みでは小さ過ぎるので、ＥＣ（当時）に加盟したといういきさつがあり、外部からみても、ＥＵにとどまるのが賢明な判断だと思われます。ところが最近では、フィナンシャル・タイムズなど現地のメディアの論調では、本来ＥＵ残留派の中心勢力であるはずのシティでも、一部に離脱を支持する動きがあると伝えられており、「残留」を楽観視するのは問題かもしれないという気がしています。

本田 イギリスがＥＵ離脱となると世界に大波瀾を呼び起こすことになります。第三者の立場では踏みとどまってもらいたいものです。

Column ⑨　アメリカ発大型金融危機の背景要因

◆　◆　◆

2007 年から 08 年にかけてアメリカで発生し、世界経済全体を震撼させた大型金融危機の背景については、次のようなさまざまな要因が指摘されてきた；

① グローバル・インバランス（世界的対外不均衡）：経常収支赤字を続けるアメリカが世界景気をけん引する構図は 1980 年代から続いてきたが、アジア通貨危機を経験したアジア諸国が、2000 年代になると輸出主導型成長で経常収支黒字を増やし、外貨準備を厚くする政策をとり始めたことでグローバル・インバランスが拡大。それに伴って外国から活発に流入する資金がアメリカの住宅市場のバブルにつながった。

② 金融政策の失敗：2000 年代初めの IT バブルの崩壊に対処してアメリカで実施された金融緩和政策がその後不必要に長引いた。

③ 金融イノベーションへの過信：金融工学を駆使してリスク分散を図った商品設計、格付け機関による格付け（信用度評価）、債務不履行のリスクを保障する金融保険などの新しい金融技術が組み合わされて実現した金融商品の安全性への過信が過剰投資につながった。実際には、リスク分散には限界があり、格付けも適切とは言えなかった。

④ 金融規制体制の不備：アメリカでも欧州でも金融機関の健全性規制並びに検査監督体制が金融市場の現実の発展に合わせて刷新されていなかったことが混乱を増幅した。

⑤ 金融機関の経営姿勢：実現した収益に応じて大きな報酬が支給される金融機関の報酬慣行が過大なリスクの引き受けにつながった。

以上の通り、さまざまな説明がなされてきたが、①②のマクロ要因よりは、③④⑤のミクロ要因の方が説得力があるように思われる。

第八章
バンカー井上實の人となり

この章では、「バンカー井上實の人となり」と題して、井上氏の人物に焦点を当て、東京銀行が横浜正金銀行から受け継いだ伝統・企業風土・仕事の流儀について、また、井上氏の社会人・人間としての信条、座右の銘について、さらに企業ガバナンスのあり方などについて話を聞いた。

そして最後に、対談の締めくくりとして、若い世代に向けたメッセージを述べてもらった。

♣横浜正金銀行のＤＮＡ

本田　最終章となるこの章では、「バンカー井上實の人となり」というテーマでお話を伺っていきたいと思います。

まず、これまでの話の中で何度か東京銀行の行風に触れることがありましたが、その源流には横浜正金銀行のＤＮＡのようなものを感じます。そして、よい伝統は三菱東京ＵＦＪ銀行にも受け継がれていくものと思われます。具体的にそうした伝統や体験についてお聞かせください。

井上　私自身は東京銀行第一期生で、横浜正金銀行で働いたことはないわけですが、いろいろ先輩方から聞いた話を総合すると、正金銀行の伝統はうまく東銀に受け継がれたようです。

最良の伝統は「自由で、風通しのよい組織」ということでしょう。例えば、東銀では役職名で人を呼ぶことはしませんでした。頭取と運転手との間でも、「頭取」あるいは「井上頭取」でなく「井上さん」です。上下の差を意識しない平等社会の雰囲気があって、下から上への意見具申も率直にできて、案外それが通ることもありました。個性の尊重や、学閥がないこともよい伝統でした。正金銀行のころから、親子あるいは兄弟は同時には行員として受け入れないというしきたりがあって東銀にも受け継がれていきましたが、これなどは「風通しのよい組織」を守るための知恵であったわけです。向学心、研究心を尊重する気風も強かったと思います。

本田　元正金マンの先輩から聞いた話では、「ソロバンと英語の達者な者にろくな人物はいない」という言い伝えがあったそうで、銀行業務の要請と矛盾するように聞こえるところがありますが、正金銀行には豪放磊落というか「バンカラ」な気風もあったようですね。貿易金融の仕事は貿易取引と密接に結びついているので、自ずと商社の気風が入り込んでくると聞いたこともあります。こうした気風も東銀に受け継がれていったカルチャーの一面でしょうか。

井上　それは言えると思います。行内の気風ということで付け加えますと、「虚礼なし」が徹底していました。歳暮、中元の物のやり取りは一切ないし、新年のあいさつ回りなどもありません。以前に、外部から迎え入れた役員が、「自分の家には、正月に誰もあいさつに来てくれなかった。自分は快く受け入れられていないのだろうか」と嘆かれたという話を聞いたことがありましたが、心配ご無用、それはカルチャーの違いであったわけです。ほかにもいろいろありますが、国際社会との付き合いの中で培われた正金銀行の開放的な伝統は、東銀の企業風土の源流となっていました。

本田　仕事の流儀という面でも、正金銀行から引き継いだ慣行や伝統はいろいろとあったのではないでしょうか。

井上　そういう意味では、私の記憶に強く残っているのは電信の仕事です。

東銀という社会で長らく際立っていた組織は「電信課」でした。電話やテレックスが未発達で、郵便と言えば船便で運ばれていた時代には、海外の出先との情報伝達には電信という手段に頼らざるを得なかったのでしょう。また、外国為替取引にとっては瞬時を争う情報入手が大切であったという事情も電信への依存を高めました。そして、電信は機密保持のためにも、また字数節約のためにも、暗号化されたメッセージで行われました。

本店にも支店にも「電信課」があり、大店では電信課長の席には権威のあるベテランが座っていました。人事はもちろん、業務上の機密情報に接するポストですから，自ずとそのようなしきたりになっていたのでしょう。正金銀行の時代は、銀行の性格上、国から委託される仕事なども多く、機密保持は特に強く要請されていました。

東銀になってからも、正金銀行の厖大な電信コード・ブックはそのまま引き継がれ、新しい拠点ができた場合には、開設準備委員長がコード・ブックをワンセット託され、肌身離さず携行しました。多くの場合、各拠点では新しく着任した者が電信課勤務を命ぜられ、次の着任者が来るまでの間、早出、遅帰り、休日出勤などをさせられます。電信課では、交代で早朝出勤して、夜間接受した電信を暗号解読して平文《ひらぶん》化し、支配人席および関係課に始業時刻までに配布します。一方、当日発電の方は日中店内から集まってきた電文を暗号化してアルファベットで記された発電文を作り、現地電信会社に引き渡す。日々、こうした仕事を滞りなく遂行していました。

電信コードには、世界、国家、経済、金融、社会全般などにかかわる事象が広く網羅されており、銀行内の役職員名もすべてコード化されていました。このような事情もあって、正金銀行ならびに東銀で扱われる通達、情報連絡などの文書、あるいは会話にも、電信コードの語彙や表現がそのまま頻繁に流用されていました。このため、文語調の簡潔な文章が流通していたことは忘れ難い思い出です。近年になって、電話、テレックスが広く普及し、手軽に使用されるようになってからは、電信への依存度が低下していったことは事実です。しかし電信コード・ブックは長く厳存していました。

♣企業ガバナンスについて

本田　当世、企業ガバナンスがしばしば論じられます。井上さんは「企業は社会的な存在」と強調されてきましたが、企業ガバナンスの基準をどのように考えられていますか。企業ガバナンスには国際基準はあるべきでしょうか。

井上　古い言い方ですが、私は「徳」が基準になると考えています。個人だけでなく企業・団体、国にも徳が求められます。日本やアメリカなどは徳のある国だと思いますが、世界には徳に欠ける国もいろいろあります。「徳」とは何かと言えば、「底に流れる良心」ということです。「公正で誤りのない方針のもとで組織が動くこと」、それがあるべき企業ガバナンスの出発点だと思います。国際的にも同じことが言えると思います。

本田　外部から、例えば社外取締役の働きで、企業の公正な業務遂行をチェックするといった考え方と違って、企業内部の教育を通じて公正を実現していくべきだというお考えですね。

次に、銀行と金融監督当局との関係について伺いたいと思います。国内的にも国際的にもこの問題は今後とも多次元にわたって展開していく問題だと思われます。これまでの経験と今後の展望についてコメントをいただけないでしょうか。

井上　わが国の金融当局との長い付き合いを振り返ってみると、国の政策判断で銀行の経営が大きな影響を受けたこともあるし、国の支援を受けたこともありました。一方で、銀行の持っている知識や情報が当局の適切な政策判断に役立ったことも少なからずありました。一言で言えば、日本では銀行と金融監督当局の関係はギブ・アンド・テイクでうまくできていたと言えると思います。アメリカなどでは時として政府と金融界が敵対的な関係になったりしますが、日本ではそういうことは生じていません。金融庁の時代になってからのことはよく分かりませんが、金融制度の枠組みも変わって、意思疎通は一層円滑に進むように変わってきているのではないでしょうか。

本田　私が関係している金融先物業界の会合でも、金融庁からの参加もあってよい関係ができています。意思疎通がより円滑になっていることは間違いないと思います。

♣「神を畏れて人を恐れず」

本田　井上さんは卒寿を迎えられて人生をどのように総括されていますか。お好きな言葉は「神を畏れて人を恐れず」と伺っています。「人間平等」を根底に置いた信条と受け取っています。

井上　私は若いころから「人は小さな存在であり、したがって人を恐れる必要はない」と考えていましたが、これは今でも変わらない基本的な人生観です。巨視的な視点で宇宙の真理を探究する人は、「人は小さな存在である」ことを認識するはずです。そうした視点から判断すれば、人間の地位・財力・知力・腕力の差は相対的なもので、大きな違いはないわけですから、人を恐れる必要はないということになります。

個人の生き方としては、小さい存在なりに自分にできるだけの足跡を残せるように努力すべきだと思いますが、人が小さな有限な存在である以上、人はみな平等である、そう考えてきました。

本田　「少年老い易く、学成り難し」はけだし至言と言わねばなりませんが、卒寿にして、なおそう思われますか。

井上　それはその通りです。教育については、小学校から高校までを振り返ってみたとき、それぞれの時期にお世話になった先生方から大変大きな感化を受けたことを懐かしく思い起こします。学校の先生にとって、教室は自分の天下で一〇〇%個性を発揮することができ、科目が違ってもそれぞれが自分の信念、情熱を持っているので、若い人たちに大きな影響を与えることができます。まさに教師というものは天職です。引き続き、学校教育の役割は大きいと思います。

本田　戦後は日教組の力が強まって学校での道徳教育はやや後ろに引っ込んだ感があります。また、高度成長期には「デモシカ先生」という言葉がはやったりして、先生の影響力が小さくなったように思われる時期もありました。私も学校教育の役割は大きいと思います。

少子高齢化、低成長、財政難、格差拡大など気になる経済、社会問題が増えていますが、二一世紀の日本を支えていかなければならない若い世代に向けた訓示をお願いします。

♣若い人たちに向けて

井上　日本社会が直面している問題はいずれも難問ですが、少子高齢化が一番深刻ではないでしょうか。最近、議論が高まっているように、女性の社会的地位の向上を図って、社会的活動の範囲を広げるとともに、子どもを産んで育てやすい環境を作ることが重要だと思います。

本田　低成長の問題では、就業構造の上で最もウエートが高いサービス産業の生産性を高めることが大切です。日本のサービス業の生産性は、ＯＥＣＤ諸国でも下位に位置づけられています。残業が当たり前の労働慣行を改めて、効率的に仕事を片づける工夫が必要です。

井上　国家財政の問題は、低成長で税収が増えない一方で社会保障関連支出の増加が続くのでやむを得ないところがありますが、歳出削減の努力が足りないと思います。民主政治のもとでは、とかくポピュリズムに陥って歳出削減は敬遠されがちですが、大ナタを振るえる政治家の出現が望まれます。

本田　格差の問題では、最近、フランスの経済学者トマ・ピケティが書いた『21世紀の資本』が世界的に注目されています。骨子は、資本（株式、不動産など）の利潤率が経済成長率を上回るようになった社会では、必然的に富の格差が広がっていくということで、解決策は税制面での調整ということになるようです。「上と下の差が小さい」という意味では、日本はいい社会を作ってきたと言えるのではないでしょうか。米英の大手企業のＣＥＯ（最高経営責任者）は巨額の報酬を受け取りますが、日本では自制心が働いていて控え目です。

井上　そのあたりはしっかりしていて、従業員のボーナスが増えない時には役員賞与も増やさないといった考え方が徹底しています。先ほどの企業ガバナンスの話に戻りますが、こうした点では日本では自律的なガバナンスができています。

本田　最後に、若い人たちに特に強調したいことがありましたら、お願いします。

井上　われわれが生きてきた時代は、日本経済は若く、社会全体の動きがうまく機能していましたが、成熟社会になって問題が増え、若い世代の負担が大きくなったことは気の毒に思います。

しかし、私は、日本人は周りから言われなくても、社会の一員としてどう振る舞うべきかということを、常に分かっている国民だと思います。その意味ではよい社会秩序が失われることはないと思いますので、それぞれが自分の持ち場で力を発揮してもらいたいと思います。若い人たちの意欲を鼓舞するためには、学校の先生の教育が果たす役割が大きいことをもう一度指摘しておきたいと思います。

補足対談
アメリカ人弁護士のみた東京銀行

対談が終盤に差し掛かったころ、東京銀行にゆかりのあるアメリカ人弁護士、ユージン・リー氏が来日されたので、特別に当時のことを井上氏と語り合ってもらった。

リー氏は、ワシントン大学で法学修士と法学博士の学位を取得後、一九六〇年代後半に東京大学に留学、七〇年代初頭に日本でインターナショナル・インベストメント・コンサルタント（ＩＩＣ）というコンサルタント会社を設立。東京銀行とは主として国際投融資業務のコンサルタントとして付き合いがあった。

現在はシアトルで、主に最上級レベルの日本語と中国語の習得を目指すアメリカ人に奨学金を提供するブレイクモア財団の運営にあたっておられる。

♣若さを保つ秘訣

井上　ずいぶん昔になりましたが、私は頭取をしていたころ、リーさんには英語のスピーチ原稿の手直しで何度かお会いしたことを懐かしく思い出します。英語の表現以外にもいろいろ教えていただくことが多かったように思います。

リー　私にとっても、当時井上さんと差し向かいでいろいろお話しできたことはよい思い出です。今日はゲストとして対談のお相手役をすることになりましたが、最初は井上さん個人のことについて、少しお尋ねしたいと思います。九一歳になられたと聞きましたが、とてもそうは見えないほどお元気そうです。若さを保つ秘訣を教えてください。

井上　私は若いころから、人一倍元気がいいというわけではなかったのですが、そのせいもあってか節度を守る習慣は早くから身につきました。大人になってからも「海軍体操」をするなど、自分なりの健康法を試みたことはありますが、基本的には、暴飲暴食をしないとか、常に心の静謐《ひつ》を保つといった心がけを大切にしてきました。

リー　肥満の心配はなかったでしょうか。太らない体質でしょうか。

井上　軍隊にいたころは六〇キロぐらいありましたが、銀行員になってからは五〇キロから五〇キロ台前半で推移し、今は五〇キロ以下です。

リー　タバコや酒はいかがですか。

井上　タバコは以前は吸っていました。ロンドンにいたころからやめようと思っていましたが、イギリスはうまいタバコが多いので、なかなか禁煙するのは困難でした。一九七六年にロンドンから帰ったとき、再度禁煙を試みたら、風邪をひいていたことが幸いして成功しました。酒は、現役のころは付き合いで飲む機会が多かったですが、今は晩酌でワインと日本酒一合程度です。ワイフも私の付き合いで、同じぐらい飲めるようになりました。

リー　九〇歳代で晩酌を続けることができるのは素晴らしいことですね。

♣井上實のアンビション

リー　元札幌農学校教頭ウィリアム・クラーク博士の「ボーイズ・ビー・アンビシャス（少年よ、大志を抱け）」という言葉は広く知られていますが、井上さんは若いころ、例えば大学生のころ、何かアンビションはありましたか。

井上　子どものころは船乗りになることが私の夢でした。

青年期には、世の中が激動期に入って夢を考える余裕はなくなりました。軍隊にいたころはもちろん、戦争が終わってからも、しばらくはどうやって食べていくか、生き延びていくかで精一杯で、親元を離れて早く自立しなくてはならないといった現実的な問題にも迫られて、勢いものの考え方は実務的になりました。大学終了後は船会社に就職したいという希望は持っていましたが、船会社に採用計画はなく、採用を行っていた銀行と鉄鋼会社の中から職を選んだというのが実情です。

リー　銀行に就職されてから二〇年ぐらいたったころ、新しいアンビションは生まれなかったでしょうか。

井上　銀行の仕事は忙しくてアンビションを持つことは難しかったです。私もお札の勘定から始めて貿易金融、融資など絶えず仕事に追われて過ごしました。一時期からは、「正金銀行の伝統を受け継いで、よい銀行を造りあげる」というのが私のアンビションになったとは言えます。

リー　現役を引退してからのアンビションはなかったでしょうか。私も含めて、皆が等しく直面する問題です。

井上　現役を退いてからも、銀行の顧問にしてもらったので、幸いなことに大きなアンビションがなくても暮らしていける立場です。強いて言えば、自分がやってきたことを後輩たちに正しく伝えて役立ててもらうことが今の私のアンビションです。

リー　これから先のアンビションはどういったものでしょう。

井上　二〇二〇年に東京オリンピックの開催が決まったので、それまで生き延びてオリンピックを見ることでしょうか。しかし、これは難しそうです。

♣若い世代を見て感じること

リー　私は常々井上さんは本当にジェントルマンだと思っています。今の若い人たちもジェントルマンになりたいと願望していると思いますが、その目標とビジネスで成功したいという願望を両立させるのに悩むこともあるのではないでしょうか。まあ、これは難しい問題かもしれませんが、今の若い人たちについては、どのような印象をお持ちですか。

井上　「いまどきの若い者は」という批判はいつの時代にもあります。私の若いころも、先輩たちからそういう苦情を聞かされたことがありますが、自分では、若いなりに人間はできていると思っていました。

立場が変わって、年配者の目で今の若い人をみると、分かりにくい点はありますが、よい点も目につきます。何よりも私が感心するのは、自分の主張がはっきりしていて、周りから質問された時に的確に返答できるようになったことです。若いスポーツ選手や芸能人、あるいは一般の学生などが公の場でそうした振る舞いをするのを見て、うらやましく思うことがよくあります。こうしたよい点を伸ばしていくべきだと思います。

最近の香港のデモをテレビで見た時も、若者の主張がはっきりしていて感心しました。

リー　時間を巻き戻して、仮に井上さんが来春東大を卒業することになったと想定すると、井上さんは仕事として何をしたいと思いますか。

井上　私は自分のたどってきた人生に満足していますので、何かをやり直してみたいという希望はみつかりません。今では就職状況はすっかり変わっているので、新しい状況に照らして考えてみるのは面白いかもしれませんが。

♣人生を振り返って

本田　サマセット・モームのエッセーに、臨終間際に神様から「もう一度生きたいか」と聞かれたら、「はい、しかしまったく同じのではなく」と答えるだろうというくだりがあります。

リー　そうですね。私の仕事仲間にも、もう一度やり直すとしたら、法律の仕事は選ばないという人は結構たくさんいます。銀行の仕事も大きく変わってきてはいるのでしょうね。これまでの人生で一番満足されたことは何ですか。

井上　自分は不満を感じない方というか、満足しやすいタイプの人間で、「一番満足したことは何か」と問われても、すぐに答えが浮かびません。世の中でのいい話を聞いた時などが満足感に満たされる時です。最近は世の中に悲しいことやいやなことも多いですが、それでも生きていてよかったと思えるような出来事は少なくありません。

リー　特に影響を受けた人はいますか。例えば、大学の先生とか、先輩とか……。

井上　大学時代は途中で軍隊に行きましたし、復学してからも、卒業のための単位修得だけが目的でしたので、懐かしい思い出はありません。特に影響を受けた先生もいません。
中学から高校にかけては薫陶を受けた先生はたくさんいます。
銀行に入ってからも、人格的にも、人間的にも尊敬に値する人たちにたくさん出会ってきました。この対談に取り組む中で、私が人柄、能力などに感銘を受け、いい影響を受けた先輩、同輩の名前を思い浮かべてみましたところ、すぐに二〇人ぐらいの名前が浮かびました。社会生活での人間関係には、家族、親兄弟との付き合いとは違う次元があり、大変興味深いと思います。

リー 井上さんは台湾の生まれですか。

井上 生まれは東京です。五歳のとき、父がドイツ留学を終え、台北帝国大学教授として赴任しましたので、それに同伴して一三歳の年まで、八年間台湾で過ごしました。

リー 私も台湾には何度か行きましたが、直近では三年前に訪問しました。そのとき、国立台湾大学の建物が東京大学によく似ているのに気づいて興味をひかれました。

井上 昭和三年にできた建物です。私は海軍では朝鮮半島にいたので、日本が植民地支配することになった台湾と朝鮮は、両方とも身をもって知ることになりました。台湾は清の領土であった時代がありますが、まだ何もないところに日本がやってきて新しい国造りにとりかかった形でしたから、現地でのコンフリクトは少なく、今でも台湾の人は総じて親日的です。
それに対して、朝鮮は古い文化、伝統を誇る国で、ロシア、中国、日本などの介入を受けて王朝が行き詰まっていたところへ、明治三九年、日本がやってきて新しい国造りを始めました。善意でやっていたことのはずですが、さまざまな抵抗に遭いました。それが今でも尾を引いて、日韓関係を複雑にしていますが、両方とも優秀な民族であるので、大事に付き合って行かなくてはならないと思っています。

♣銀行のカルチャーの日米比較

本田　リーさんの東京銀行との付き合いは、一九七〇年代初めにリーさんがＰＩＣＡ（アジア民間投資会社）の法務顧問に就任された直後からだと思いますが、間違いありませんか。

リー　その通りです。それから長い付き合いが続きました。

　上層部の人とのコンタクトもありましたが、日常的に頻繁に付き合っていたのは国際投資部を中心に現場の若い人たちでした。優秀な人材がそろっている職場という印象で、私にとってもよい経験になりました。

井上　東京銀行は朝鮮戦争に絡む混乱期が終息した後、昭和三一年から本格的に大卒の新規採用に踏み切りました。その直後から、海外トレイニー制度をスタートさせて若手の訓練には力を入れました。当時はこの制度は「貴族教育」と呼ばれることもありました。

本田　リーさんはアメリカの銀行と比べた場合の東銀のカルチャーについてはどのような印象を

持っていましたか。

リー　私はアメリカの銀行とはさほど付き合いがないので比較するのは難しいですが、一番はっきりしているのは、日本の銀行では途中で退職、あるいは転職する人はほとんどいないのに対して、アメリカでは、優秀な人だと思っていても、いつの間にかいなくなっていることがよくあることです。

例えば、ＪＰモルガン銀行などには優秀な人材が集まりますが、そこで知り合った人が五年先に銀行にとどまっているかどうかははっきりしないところがあります。

本田　日本とアメリカでは銀行員の社会的地位あるいは評価が違うところがありますね。

井上　日本では、自分が銀行を背負っているといった自負心を持った者がたくさんいますが，アメリカでは、「自分は今これこれの仕事をしている」とは言っても、「銀行のために働いている」という意識を持っている人は少ないのではないでしょうか。

私がリーさんとお付き合いがあったころと比べると、銀行は大きく変貌を遂げ、今や大組織になりました。東銀で育った人は、主として国際業務分野で活躍し、国際分野に強い三菱東京ＵＦＪ銀行を支えてくれています。

本田　銀行によっては、海外勤務に特化したように、長期間海外に居続ける人もいますが、東銀は適当な間隔で海外と国内を行き来させる人材の育て方をしてきたのも特徴的でした。

井上　確かに、東銀の海外勤務の基本方針として、特定地域の専門家になって日本のことを忘れてしまってはいい銀行員にはなれないので、海外勤務と国内勤務を適切に組み合わせることを重視していました。私の場合、海外勤務は三回、合算して一一年ですが、その間に国内での仕事が入ったのはキャリア形成に役立ちました。

本田　リーさんの原稿手直しのおかげで、井上さんをはじめ東銀幹部は立派な英語のスピーチができましたが、ひところの国際投資部の英語のドキュメントもリーさんのチェックで立派なものに仕上がっていました。

リー　通常は夕方の四時か五時に銀行にやってきて八時ごろまで働くことが多かったのですが、時にはもっと遅くまで居残ることもありました。あのころは、私も含めて、皆、寝食を忘れて仕事に打ち込んだ時代でした。

あるとき、難しい案件で深夜まで仕事が続いたことがあります。部長は「相談ごとが出てきたら、自宅に電話してくれ」と言って途中で帰宅されたのですが、実際に相談する必要が生じて午前三時ごろにご自宅に電話したら、呼び鈴が一度なっただけで部長に電話がつながって驚いたことなどを懐かしく思い出します。

《付録》

井上頭取インタビュー

※東京銀行　行内報「みどり」NO.三二六（昭和六一年一月一日発行）より許可を得て転載

井上頭取はご就任以来、東京銀行を「なくてはならない存在」「イノベーティブな銀行」にしていこうという目標を掲げられ、その経営方針について行内外に積極的に述べてこられています。

そこで「みどり」新春号では、日頃あまりお聞きすることのない、プライベートな面を特に語っていただきました。

♣子どもの時のこと

――お生まれはどちらですか。

頭取　僕は東京なんです。今住んでいる所はその一角です。大正十三年に生まれましてね。五つから十三までは、台湾の台北で育ちました。

――どんなお子さんでしたか。

頭取　台湾で育ったせいか、コセコセしていなかったですね。鷹揚な、自然も、全てが豊かな所ですからね。だから東京に来てびっくりしたのは、人間が多いし、コセコセしているし、街が汚いし……。あと、もう一つびっくりしたのは、台北には交通信号がなかったんですよ。それを東京で生まれて初めて見て。それで大都会に来たなという実感がやっとしました。

――ご両親や、ご家族のことについてお聞かせ下さい。

頭取　三人兄弟で、一番上が姉、次が兄、それで僕なんですが、末っ子で、軍隊に入るまでは、家の中では「坊ヤ」と呼ばれていました。でも、だからと言って、そんな甘えん坊じゃなかったと思うんだ。

僕の親父というのは、七人姉がいて、最後に生まれた大切な男の子だったんですね。それで、非常に大事に育てられ、とても大らかでしたね。

おふくろは当時の典型的な良妻賢母で縦のものを横にもできない父に終世仕えました。

そういう親の下で育っているんで、僕は末っ子なんですが、干渉もされないし、叱られたこともないし、誠に放任主義という感じでしたね。ただあえて言えば、父からは「人間の価値観」と「人間の善意を信ずること」を、母からは、「愛」を教えられたといえましょうか。

また、家の中で終始中心的存在であったのが祖母でした。この祖母は、ペルリ来航の嘉永六年に江戸で生まれ、僕が大学に入った年に九十二歳で大往生を遂げましたが、僕達孫共は日常細かく厳しい躾をこの祖母からは受けました。これは今になっても自分の人格形成や生き方に非常に強い影響を与えてくれたように感じて、いまだに懐しくありがたい気持で一杯です。

――子どものころ、何になりたかったですか。

頭取　実は船乗りになりたかったんですよ。動機はたくさんあって、一つは、台北にいて、日本の帝国海軍の練習艦隊の軍艦なんかをよく見ていたということ。それから、僕の親父は、長崎の平戸という島の生まれですからね。そういう血が流れているのかもしれませんね。

それともう一つは、台湾航路というのがあって、当時でも、一万トン級のりっぱな客船が運航していましたが、内地との往来で、これに何回か乗りましたから、船や海に非常にあこがれてね。

♣入行のころ

――それが今こうして、銀行員になられているんですが、そのへんの心の変遷についてお聞かせください。
頭取　これは困っちゃうんでね。本当は偶然に入ったんですよ。

僕は船会社を受けたかったんだ。ところが、当時は終戦後の混乱時代で、船会社は採用していなくてね。門戸をあけているのは、鉄とか銀行とかでしたね。

そこで僕は銀行を狙った。たまたま親友が、今は辞められたけれども恒川さんとか深川さんとかが、東京銀行を受けるというんでね。

僕は東銀というのは全然知らなかったんだけど、聞いてみると非常にいい銀行らしいんでね。当時、各銀行は、戦時中のいろんな債権債務の整理をやっていたんですが、東京銀行だけは、横浜正金銀行の人材、国内の資産・負債等を引き継いで、全く新しい銀行としてスタートしたもんですからね。戦後の混乱の中では、ものすごいフレッシュな感じを僕は与えられたんですよ。

そういう意味で東銀を選んだんだけど、同級生なんかだんだん決まっていったんですが、僕はいつまでも通知がこない……どうも落ちていたんだね（笑）。

当時学生は、企業訪問はしないで、ある特定の日に試験を受けて、それで終わりになってしまうんですね。一度東銀へ来て「入れてくれ」と言った覚えはあります（笑）。で、やっと補欠で入れてもらったんじゃないかと思っています。

そういう意味で、入ったこと自体は非常にうれしかったですね。

――ご家族も喜ばれましたか。

頭取　それが、うるさいことはそれまで何一つ言わなかった親父が、そのとき初めて、「戦争から折角生きて帰ってきたと思ったら、ついに自分の息子も金勘定《かね》するようになったか」と言って（笑）。ショックだったようですね。

だけど、僕自身は、なんとかして自立していかなきゃならないという気持ちがあったし、東京銀行というのは、新しくスタートを切った銀行でこれはもう是非入りたいと思ってね。そう言っちゃ悪いけれども、海外に雄飛するとか、そういう高尚な気持は残念ながら当時はなかったですね。

♣入行して四、五年が肝心

――それでは、東銀の中で、自分はこうしていくんだと、どのあたりで思われましたか。

頭取　若い人にもいつも言うんですが、入って二年くらいは非常に迷うんですね。僕もそうで、神戸支店に配属になって、出納課に入ったんです。「これは親父の言った通りだな。俺はついに札勘定か」と思ってね（笑）。些かショックでした。

ロングアイランドのモントークポイントにて
（1964年　N.Y.）

折角大学で勉強した英法や民法など何も役に立たないし、実際に出納に入れられて苦労しましたね。だから今でも、札勘定は非常にうまいんですよ。

まあ当時はやっぱり、いろいろ悩みました。そのうちに三カ月くらいで貸付に回してくれました。

今、思い起こすとやはり、入って四、五年が一番大切な時期だったと思います。神戸支店にいたころ、偉い先輩が周りにたくさんいてね。例えば、石井康夫さんとか、竹内一郎さんとか、佐々政邦さん、高橋庚三さんとかが直属の上司でしたからね。そういう方々に手とり足とり教えてもらったし、自分でも言いたいことを言い、やりたいことをやりました。

そういう意味で、初めの四、五年は、成長期というのか、この時期が勝負なんで、そこで、この銀行で仕事をやっていく気概を感じるかどうかは、相当あとまで響いてくると、僕は思いますね。この時期に立派な同僚や上司に恵まれることが大切ですね。

♣初めての海外赴任地――ニューヨーク

――ところで、初めての海外赴任地は、ニューヨークだったと伺っていますが。

頭取　当時、講和条約がやっと結ばれた直後でしたから、外に出るのは、ありがたいチャンスで、非常にうれしかったですね。

　前の頭取の渡邉さんと一緒のプロペラ機で羽田を飛びたって、二人共初年兵で、苦労は多かったけれども、よく働きよく学びましたね。若かっただけに苦しかったこと、うれしかったこと、すべてに積極的にチャレンジしました。

　積極的なのはいいがしかしこんなこともありました。着任して一年数カ月たったある日、支店長に呼ばれて、「貴店井上實書記、この度銀行当局の許可を得ずして家族渡航を企図したること、誠に遺憾に堪へず、本人は即刻帰国せしめられ度し」という本店人事部長からの入電を示されたんです。この電信の一字一句は今でも忘れられません。

　当時、支店長席以外は家族同伴が認められてなかったんですが、私にしてみれば、酒の席か何かで支店長の了解を貰ったつもりでいたし、本店の常務も了承したという聞き伝えがあったので初めて家族の自費呼寄せをしようとしたんです。

　それが制度違反と言われれば一言もなかったのですが、支店長から叱責を受けるはめになりました。そんなとき、渡邉さんが早速動いてくれ、次長以下上司達の温情で、私は引継ぎ残務整理という名目で、さらに数カ月残って働くことができたんですよ。

――現在当行にも、単身赴任で頑張っている方が多くいらっしゃいますが、その方たちへのメッセージをお願いいたします。

頭取　単身赴任自体は、男にとってはそんなに大変なことじゃないと思うんですよ。海外でも、国内でも、もちろん差は色々あるんですが、生活上のファシリティも今や大分よくなっていますか

エンパイアステートビル
にて（1966年）

らね。また、仕事も忙しいし、日々新しいことに取り組んでいますから、常に好奇心を持ってそれに接する事によって、日々是刺激がありますし。

ただ、やっぱり家族と離れているということは、非常に不自然なことなんで、僕なんかの場合も、残してきた家族のことを考えると非常に心細かった。僕の親父自身、大正末期にドイツに単身で行っていた経験があったせいか、早く家内をニューヨークに呼んでやれと両親から何度も手紙が来ましたね。

当行の海外勤務の場合、若いうちに家族を連れていく。これは、非常に家族の教育にもなるんですね。二度目に海外に出ても奥さんは、たとえ一回目と違う任地でも素早く現地に順応できるようになりますしね。男の教育も大事だけど、家族の皆さんが新しい土地にすぐアジャスト出来るということも、銀行にとって大変大事なことなんですね。

まあ単身赴任の方は、色々不自由はありますね。しかしそれ以上に、家族生活というものは非常に大事なんで、家族が一緒にいないということは、極めて不自然だと思うんです。夫々仕方のない事情はあるのだけどできるだけこれは避けた方がいいんで、皆さん苦労して頑張っておられると思っています。

♣一番成長した時期は

――ところで、学生時代も含めて、今までで、自分はここで一番成長したんじゃないかと思われるのは、いつですか。

頭取　やっぱり軍隊でしょうね。完全に親元を離れて、ことに僕の場合は二十《ハタチ》でしたからね。それで部下をたくさん持たされて、自分で物事を判断していかなきゃならないんですから。

ある意味では、銀行生活と比べても、もっと責任重いですよね。銀行というのは、何をやるんだって横に誰か相談する人がいるでしょう。軍隊ではそうはいかないんで、一つの地位を与えられたら、その責任を自分で果たさなけりゃいけない。その為には、決断もしなけりゃいけないし、一旦決めたことはやり遂げなければならないし、そういう意味で、人間的に非常に成長したと思いますね。貴重な経験だったと思います。

銀行に入ってからは、さっき言ったように、入って四、五年が大切な時期だったと思っています。

♣性格を自己分析する

――次に、ご自身の性格分析を。例えば自己申告書にどのように記入なさいますか。

頭取　昔は僕はその申告書に「短気」って書いていたと思うんです。だけども、自分の性格をよく見て、短気ではないと、今は思っていますがね。どっちかと言えば、あまり油こくしつこくなくて非常に淡白だというのが、一番の特徴じゃないかと思っています。ある意味では粘りがないと言えるかもしれません。

だけど僕の人生考えてみてね、案外粘るべき所は粘ったんですよ。

海軍へ入る時にね。学科・面接以外にも身体検査とか、いろんな試験がありましてね。僕は、肺活量が不足で、確か、最低三千七、八百は必要なんだね。ところが、僕は何回かやるんだけれど、三千七、八百にならないんだなあ。で、おまえはもうペケだと言われて(笑)。

ここで帰ったら、陸軍に召集されちゃうから、こいつはいかんと思って、背水の陣で裁決官という大佐くらいの人のところに行って訴えたんです。「学科試験は通ったけれども、肺活量が不足だということで落とされてしまった。だけど、自分は帝国海軍に非常に必要な人間だと思います。だから、ここで落としては困ります。私は帝国海軍に勤めている間に肺活量の二百や三百すぐ増やしてみせますから」(笑)とね。

それで粘って、何回か帰れと言われて、また行って、二、三回やった。とうとう最後は「よし！　井上實合格‼」。

だから、僕は淡白ではあるんだけれども、粘るべき時は粘る力も持っているんじゃないかと思いますよ。さっき言ったように、銀行へ入る時もそうだったわけだし、崖っ淵に立たされたら粘るんじゃないのかな。

♣神を畏れて人を恐れず

――好きな言葉を教えてください。

頭取　「神を畏れて人を恐れず」です。

僕は、神とか絶対者とか目に見えない論理・ロゴスには従順であるべきだが、人間の方は地位・財力・腕力・智力みんな差があるのだけど、それに拘らず、人間はみな平等だ、だから恐いものがあってはならないと思っています。

――フラッと閑ができたら、一番何をしてみたいですか。

頭取　非常に原始的で素朴で、ちょっと恥ずかしいんだけれども、早く家に帰って、ゆっくり酒を飲んで、家族とゆっくり食事をして、ゆっくりくつろぎたいですね。大体昔からそれで育ちましたから、これが、幸福感を味わう中でも最高のものでしてね。自宅で夕食をとる時は、たっぷり一時間はかけます。

まあ、やりたいことは山ほどありますが、そう一ぺんにもできないし。差当りそんなところでしょう。

――お好きな食べものは何ですか。

頭取　最近年とったせいか、白身の魚とか、天ぷらとかかな。もっとも僕は好き嫌いがなくて、銀行の食堂でも、一カケラも残さないで食べちゃうしね（笑）。甘いものはどうもにが手だけど。

――お酒はどのくらいお飲みになりますか。

頭取　わりと飲めば飲む方で、宴会なんかだと日本酒を結構、飲むと思います。家ではだいたい一合で満足するくらいかな。

――休日はどのように過ごされますか。

頭取　週末たまっている読み物も相当あるし、それで半日位はどうしても使います。家族全員での食事や散歩。それから後は、プールへ行ったり、絵を描いたり、ゆっくりくつろいで散歩したり。散歩も大好きですね。まあ、残念ながらいつも計画の三分の一もできません。

――健康法についてお聞かせください。

頭取　わりに素直なもんだから、人に言われたことは全部やるんですよ、なんでも（笑）。まあ、そのうちずっとやっているのが体操ですね。海軍体操とかね。それから後は水泳。

　食べものも、健康にいいものは、いろいろ食べてみています。

――好きな色は何ですか。

奥様と「ローマの休日」
（1972年）

頭取　ほとんど緑とわからない位のライト・パステル・グリーンが好きです。ただ、これはカーテンとか壁の色とかに好きという意味であって、いくら好きでも、自分で着るわけにいかないんでね（笑）。着る物だったら、ネイビーブルーが一番好きですね。嫌いな色は、黒、茶、これは絶対。それから柄物の服も嫌いです。ことに、あの国会の先生方のスーツのようなのはどうもね（笑）。

――行ってみたい場所がありましたら、お聞かせください。

頭取　九州とか四国、東北地方。日本国内は、知らない所が多くて、このあいだも能登半島に行った時は非常にうれしかったですね。

――これだけは若い人に負けない、というものを教えてください。

頭取　持久力でしょう。若い人は今いろんな訓練も受けてるけれども、持久力は我々の世代の方が強いんじゃないかな。それから適応力。

♣行員へのメッセージ

――最後に行員へのメッセージをお願いいたします。

頭取　何よりも自分を活かしていくことだと思います。一人ひとりに天から、そして親から与えられたギフトというのがあって、そのギフトが長所であれ、短所であれ、短所は改め、長所は伸ばしていく。そして自分というものを確立するということだと思うんです。仕事でもそうなんですが、「自分」がないと、主体性がなくなってしまう。

いま皆さん、我々の時代に比べると、学校教育も銀行へ入ってからの教育も、非常に組織化されているから、チャンスは非常に与えられている。その中で、ややもすると、均質化する恐れがあるんですね。均質化というのは、企業として非常に困るんで、自分の個性、自分というものを、あらゆる機会にみつめていくということが大切です。仕事の上でも私生活の面でも。

それともう一つ、僕はいつも言うんですが自分の健全な家庭、それが一人であっても五人であっても十人であっても、とにかく自分の城というものを築き上げていくこと、これが一番大事なことじゃないかと。企業人としても、銀行の頭取としても皆さんに望むのはそれなんで、それなくしては、十全な仕事はできないんじゃないかという気がしますね。

——どうもありがとうございました。

井上實（いのうえ・みのる）　略歴

1924 年 1 月	東京に生れる
1947 年 9 月	東京帝国大学法学部卒業
同　10 月	東京銀行入行 （神戸、東京、ニューヨークなどで勤務）
1972 年 11 月	取締役就任 その後、常務取締役、専務取締役、副頭取に就任 （ロンドン、東京などで勤務）
1985 年 9 月	頭取就任
1990 年 6 月	相談役就任
1996 年 4 月	銀行合併により、東京三菱銀行相談役就任
2002 年 1 月	同特別顧問就任
2006 年 1 月	銀行合併により、三菱東京 UFJ 銀行特別顧問就任

現在に至る

左から井上實氏、正友会会長・倉地正氏、本田敬吉
（平成26年12月8日撮影）

対談を終えて

東京銀行という組織は、一九四六年に横浜正金銀行から生まれて、一九九六年に三菱銀行と合併するまで、わずか五〇年しか存在しなかった。その歴史は『東京銀行史』として、合併の翌年の一九九七年に公刊されてはいる。しかし、この銀行に一生を捧げた人間の一人として、「なにがしかの手記を残すことができれば」という思いは、私にもあった。

ところが、生来の無精者で記録や資料は整っていないし、齢九〇歳を過ぎれば記憶も万事薄れてきている。このため、自ら記述に挑むことは諦めていた。

そこにたまたま昨年五月、畏友・本田敬吉、秦忠夫両氏から、私に対談形式で陳述しないかとお誘いがあった。両氏は先に、柏木雄介氏から対談形式で証言を引き出し、一冊の本にまとめて上梓した経験を持つ（『柏木雄介の証言　戦後日本の国際金融史』有斐閣、一九九八年）。本田氏はまた行天豊雄氏についても同様の経験を重ねた（『行天豊雄が語る国際金融道』朝日新聞社、一九九五年）。私としても、それならばなんとか物になるのではないかと考えてこれに応じた。

先に触れた『東京銀行史』は整った歴史である。それとは別に、動的な物語風のものがいくつかあってもおかしくない。「その皮切りを私がやってみよう、後は後輩の誰かが面白いものを作ってくれるのではないか」と考えた。通貨危機とか累積債務問題といった東銀ならではのテーマもいくつかあるからである。

物語と言えば、東銀では、一九九六年の合併後に、旧海外拠点ごとに有志で物語風のものを数多く編集し、関係者に私家本として配布している。「中国と東京銀行」という副題のついた『長江悠々』のように、四〇〇ページに及ぶ堅表紙、大型の豪華版もある。しかし、もっと東京銀行全体を舞台にした物語風のものが公刊されていいのではないかと思う。

さて、対談集ができあがってみて、果たしてその内容が公刊に耐えうるものであるかどうか、私としては確たる自信はない。しかし、東銀という銀行が小型ながら一般の銀行とは毛色の変わった存在であり、また国際金融という特殊な業務の専門銀行であっただけに、この記録は旧東銀の関係者だけでなく、広く一般にも史料として提供する意味があるのではないかと思っている。

私の東銀生活における恩人、尊敬してやまない上司について触れておきたい。対談では、銀行の役職員の固有名詞の使用はなるべく避けたが、実際の仕事の上では、一事が万事、その時々の経営幹部や上司の采配、指導によるところが大きかったことは言うまでもない。職場は、ありがたいことに、多くの優れた指導者に恵まれていた。見識・識見・品性の高さにおいて、包容力・度量の大きさにおいて、指導・統率力の強さにおいて、さらには業務上の知識・経験の豊かさにおいて、多くの秀でた人材を東銀は擁していた。諸先輩方のご功績、ご指導に対し、ここであらためて敬意を表し、併せてそのご冥福を祈りたい。

また、同僚、後輩にも、有能、多才な人物が雲霞のごとくいたことは幸せであった。彼らの協力と支援なくしては成し得なかったことが多く、対談の過程においてもそれらの数々の事実をたびたび想起することになった。悲しいことに、多くの諸氏がすでに他界されている。ここでご冥福を祈りたい。

最後に、東京銀行が、その存在を通じて、広く経済界、とりわけ大蔵省、日本銀行にひとかたならずお世話になったことを特記しておきたい。さらに各国で、各界、金融当局、中央銀行から得た支援についても忘れることはできない。あらためて謝意を表したい。

本田、秦両氏は数カ月にわたって、私が薄れた記憶をたどるのに根気強く付き合ってくださった。おかげでこの対談が曲がりなりにもできあがった。心からお礼を申し上げる。

平成二七年五月

井上　實

〈編著者〉

本田敬吉 ほんだ・けいきち

1936年神戸生まれ。59年3月東京大学法学部卒業、同年4月東京銀行入行、本店、ニューヨーク、シンガポールほか各地に勤務。88年6月取締役調査部長委嘱、94年6月常任参与に就任。96年4月、サン・マイクロシステムズ㈱代表取締役会長。2003年4月、日本NCR㈱代表取締役会長。現在、イー・エフ・アイ㈱代表取締役。主な著書に『国際経営と異文化コミュニケーション』（共編、東洋経済新報社、1991年)、『これならわかる為替』（有斐閣、1995年)、『柏木雄介の証言：戦後日本の国際金融史』（共編、有斐閣、1998年)、『国際金融のしくみ（第4版)』（共著、有斐閣、2012年）など。

秦　忠夫 はた・ただお

1940年島根県生まれ。63年3月京都大学経済学部卒業、同年4月東京銀行入行、本店、パリ、ニューヨークなどで勤務。95年4月愛知淑徳大学現代社会学部・研究科教授。2014年3月同大学退職。同大学名誉教授。主な著書に『国際金融市場』（共著、有斐閣、1988年)、『21世紀の国際通貨システム』（共著、金融財政事情研究会、1995年)、『柏木雄介の証言：戦後日本の国際金融史』（共編、有斐閣、1998年)、『国際金融のしくみ（第4版)』（共著、有斐閣、2012年）など。

国際派バンカー井上實の回想

戦後日本の国際金融ビジネス展開

二〇一五年五月二五日　初版第一刷発行

編著者 —— 本田敬吉／秦　忠夫
発行者 —— 石井昭男
発行所 —— 株式会社 明石書店
〒一〇一-〇〇二一　東京都千代田区外神田六-九-五
電　話　〇三-五八一八-一一七一
ＦＡＸ　〇三-五八一八-一一七四
振　替　〇〇一〇〇-七-二四五〇五
http://www.akashi.co.jp
装幀 —— 明石書店デザイン室
印刷 —— 株式会社文化カラー印刷
製本 —— 本間製本株式会社

（定価はカバーに表示してあります）
ISBN 978-4-7503-4190-3

教皇フランシスコ

「小さき人びと」に寄り添い、共に生きる

山田經三 著

四六判／並製／176頁 ◎1500円

2013年、史上初めて南米から選ばれたローマ教皇は、誰にでも気さくに接する人柄といつくしみあふれる言葉、質素さと謙遜に満ちた態度で、信者だけでなく世界中の人々を魅了している。貧しい人のための真に開かれたカトリック教会への再生が期待される今、新教皇の歩みを彼の言葉とふるまいや世界からの反響をもとに綴る。

●内容構成●

Ⅰ　バチカンの新たな息吹――教皇フランシスコの人柄と信仰

教皇フランシスコの選出／教会の前進のために／バチカンに新しい息吹をもたらす教皇／人びとの話をよく聴く霊的な人／ローマから伝わる新教皇選出の喜び／イエズス会員としての教皇／若者へのメッセージ／助けを最も必要とする人のために／羊のにおいと共に／少年院での洗足式／憎しみを愛に、報復をゆるしに／女性の重要な役割／聖書の本質的理解を促す／質素さこそ教皇の特徴／ほか

Ⅱ　「神の民」と共に未来へ向かって――教皇とバチカン、そして世界

「小さき人びと」との連帯／ヨハネとフランシスコ――よく似た二人／第二バチカン公会議の新たな前進に向けて／就任1ヵ月、バチカンの改革に着手／第二バチカン公会議の実践／スキャンダル払拭への抜本改革／貧しさ、謙遜、単純さ／「出会いの文化」の促進／他宗教との対話・協力／【コラム】教皇が2013年の「今年の人」に／ほか

格差と不安定のグローバル経済学

ガルブレイスの現代資本主義論

ジェームス・K・ガルブレイス［著］
塚原康博、鈴木賢志、馬場正弘、鑓田亨［訳］

A5判／上製／352頁 ◎3800円

主流派経済学が取り上げてこなかった経済格差と金融がもたらす不安定の関係を、タイルの不平等尺度等を駆使し、データに基づく実証的な分析から解明する。分析対象はアメリカ、EUをはじめ、急成長する中国、ブラジル、アルゼンチン、ソ連崩壊後のキューバ。

●内容構成●

第1章　不平等の物理学と倫理学
第2章　新しい不平等の尺度の必要性
第3章　賃金の不平等と世界の発展
第4章　家計所得の不平等の推定
第5章　経済的不平等と政治体制
第6章　アメリカにおける地域間不平等：1969年～2007年
第7章　州レベルでの所得不平等とアメリカの選挙
第8章　ヨーロッパにおける不平等と失業レベルの問題
第9章　ヨーロッパの賃金と柔軟性理論
第10章　中国におけるグローバリゼーションと不平等
第11章　アルゼンチンとブラジルにおける金融と権力
第12章　ソビエト崩壊後のキューバにおける格差
第13章　経済格差と世界の危機

〈価格は本体価格です〉